Petra Jahr | Sabine Kelkel

Entspannungs GESCHICHTEN für Senioren

Zum Vorlesen mit Ideen für die Sinneswahrnehmung

Verlag an der Ruhr

Impressum

Titel
Entspannungsgeschichten für Senioren
Zum Vorlesen mit Ideen für die Sinneswahrnehmung

Autorinnen
Petra Jahr, Sabine Kelkel

Lektorat
Katia Simon

Titelbildmotiv, Kapiteldeckblätter und Hintergrund im Innenteil
© Dora Zett | Fotolia.com

Satz und Layout
Q. Gute Grafik, Köln

Druckerei
mediaprint solutions GmbH, Paderborn, DE

Verlag an der Ruhr
Mülheim an der Ruhr
www.verlagruhr.de

Wichtiger Hinweis:

Die Inhalte im Buch sind von den Autorinnen mit großer Sorgfalt erarbeitet und ausgewählt worden, stellen jedoch keine therapeutischen Maßnahmen dar. Nehmen Sie dennoch eine genaue Prüfung entsprechend Ihrer Situation vor und wägen verantwortungsvoll ab, welche Übungen Sie mit welchen Personen durchführen. Wenn Unsicherheiten oder bereits bestehende Erkrankungen/Allergien vorliegen, klären Sie die Anwendung mit der Pflegedienstleitung oder dem behandelnden Arzt ab.
Die Autorinnen und der Verlag übernehmen weder für die Aktualität, Korrektheit und Vollständigkeit der bereitgestellten Inhalte eine Gewähr noch dafür, dass diese für Ihren individuellen Einzelfall geeignet und ausreichend sind. Alle Inhalte dienen ausschließlich der Information, ebenso wie deren Durchführung ausschließlich in eigener Verantwortung des Anwenders erfolgt.

ISBN 978-3-8346-4136-6

Inhaltsverzeichnis

Inhaltsverzeichnis

Vorwort

Liebe (Vor-)Leserinnen und Leser,

genauso wie Kinder beim Spielen in Fantasiegeschichten eintauchen, haben Sie wahrscheinlich selber schon Situationen erlebt, in denen Sie gedanklich abschweifen und eine Fantasiegeschichte entwickeln. Dieses dient zur Entspannung des Gehirns.
Man sollte denken, dass Senioren doch immer entspannt sein müssten, da sie keinen Zeitdruck oder Ähnliches mehr haben.
Die Praxis zeigt aber, dass Konzentrationsschwäche, Vergesslichkeit, Trauer, Geldsorgen und vieles mehr auch bei älteren Menschen Anspannung (Stress) auslösen können.

Mit diesem Buch sollen Senioren ermutigt werden, neben ausgewogener Ernährung und Bewegung in einen entspannten Zustand zu kommen. Dabei lernen sie wieder, in ihrer Fantasie in Welten einzutauchen, in denen alles möglich ist.
Die Geschichten in diesem Buch haben wir in verschiedene Bereiche unterteilt, die Ihnen eine abwechslungsreiche Auswahl bieten sollen.

Wir wünschen Ihnen und Ihren Teilnehmern viel Freude beim Eintauchen in die Welt der Fantasie und Entspannung.

Ihre

Petra Jahr und Sabine Kelkel

Einführung

Entspannungsgeschichten sollen nicht nur die visuelle Vorstellungskraft fördern, sondern auch zu einem entspannten Körpergefühl führen. Medizinisch gesehen, kann man diesen Zustand der Entspanntheit sogar messen.

Wenn Sie Entspannungsgeschichten einsetzen, arbeiten Sie mit Ihren Teilnehmern auf einer sehr persönlichen Ebene. Sie nehmen sie mit auf eine gedankliche Reise, auf der alles möglich ist. Auch körperlich beeinträchtigte und demenziell veränderte Senioren können in ihrer Fantasie wieder an vielem teilhaben.

Es ist deshalb wichtig, vor der ersten Entspannungsgeschichte mit den Senioren darüber zu sprechen und sie dahin gehend zu motivieren, sich so weit wie möglich auf die Geschichten einzulassen. Entscheidend ist, dass sich alle wohl und entspannt fühlen – und jeder nur so weit mitgeht, wie er möchte und es ihm guttut.

Häufig dauert es einige Einheiten, bis die Teilnehmer sich gedanklich und körperlich voll auf diese Art von Geschichten einlassen können und möchten. Hilfreich ist es, ein Ritual zu schaffen: Die Geschichten beginnen immer mit derselben Einleitung und enden mit denselben abschließenden Worten. Dieser gesetzte Rahmen vermittelt den Senioren Sicherheit. Je öfter sie die bekannten einleitenden Worte hören, desto schneller gelangen sie in das gewünschte Körperempfinden.

Beim Vorlesen der Geschichten sind die Lesepausen und das passende Tempo wichtig. Das Lesetempo empfindet jeder unterschiedlich, achten Sie deswegen auf das Wohlbefinden Ihrer Teilnehmer, d. h. ob sie der Geschichte folgen können oder gedanklich aussteigen, weil es ihnen zu schnell ist. Weisen Sie Ihre Teilnehmer darauf hin, dass sich jeder die in den Geschichten aufkommenden Fragen selbst still beantwortet.

Wir zeigen Ihnen in allen Geschichten Vorschläge für lange Lesepausen mit dem Wort **Pause** und kurze Lesepausen mit drei Punkten **(...)** an. Falls Sie das Gefühl haben, dass die Pausen zu kurz oder zu lang sind, können Sie diese anpassen oder ganz weglassen. Bedenken Sie, dass Sie auch fitten Teilnehmern durch die Pausen die Chance geben, ihrer Fantasie und ihren Empfindungen freien Lauf zu lassen und sich Situationen intensiver oder ausschweifender vorzustellen. Weniger fitten Teilnehmern ermöglichen Sie durch die Lesepausen, Bilder aus ihrem Langzeitgedächtnis abzurufen. Das dauert bei dem ein oder anderen vielleicht etwas länger.

Im Anschluss an jede Geschichte haben wir ein passendes Aktivierungsangebot zur Entspannungsgeschichte zusammengestellt.

Unter „Lassen Sie nachspüren ...“ können Sie die Geschichte im Raum noch einmal aufleben lassen. Hierbei ist es wichtig, dass Sie Ihre Teilnehmer vorher darauf hinweisen, dass die visualisierten Bilder und die erlebten Empfindungen sehr unterschiedlich sein können: Es gibt hier kein Richtig oder Falsch. Alle Empfindungen haben ihre Berechtigung!

In dem Abschnitt „Lassen Sie erzählen ...“ sind jeweils Fragen aufgeführt, die Sie in die Biografie der Teilnehmer führen. Aus der Praxis wissen wir, dass nicht jeder Teilnehmer diese Fragen beantworten möchte. Gehen Sie deshalb bitte behutsam vor. Stellen Sie diese Fragen ganz allgemein in die Runde. Jeder erzählt nur so viel, wie er möchte. Auch Nachfragen sollten Sie mit Bedacht stellen, da nicht jeder Teilnehmer weiter in die Tiefe gehen möchte. Es ist natürlich

Einführung

für alle immer ein Highlight, wenn die Teilnehmer von den anderen etwas erfahren, was sie nicht vermutet hätten, wie dass z. B. jemand mit einem Heißluftballon gefahren ist.

Der Abschnitt „Sinnesanregung" dient dazu, der Geschichte noch einmal mit den verschiedenen Sinnen nachzuspüren. Die Anregungen sprechen dabei unterschiedliche Sinne an. Mal sollen die Teilnehmer, passend zur Geschichte, etwas mit ihren Händen ertasten bzw. erspüren, ein anderes Mal wird der Geruchssinn oder der Gehörsinn aktiviert oder die Senioren sollen vielleicht etwas schmecken oder genau anschauen. Es ist z. B. möglich, dass beim Riechen von Kräutern und Gewürzen Erinnerungen an den eigenen Garten oder Lieblingsgerichte aufleben. So können Fähigkeiten, Erfahrungen und Wissen aktiviert werden, die möglicherweise schon längst verloren geglaubt waren.

Ein paar Tipps zur generellen Durchführung

Begrüßen Sie zu Beginn der Stunde jeden Teilnehmer an der Tür mit Handschlag und seinem Namen, um ihn individuell und persönlich willkommen zu heißen. Sie schaffen eine Verbindung und zeigen Ihre Wertschätzung.

Teilnehmer, die nicht mehr so gut hören, sollten vorn bei Ihnen sitzen, damit der Ablauf der Entspannung und der Visualisierung nicht durch Nachfragen gestört wird. Sprechen Sie als Vorleser klar, deutlich und laut. Probieren Sie die Geschichte vorher einmal aus, bevor Sie sie Ihren Teilnehmern vorlesen.

Wenn möglich, sollten die Senioren auf gemütlichen Stühlen mit einer Armlehne sitzen, auf der sie bequem die Arme ablegen können. So sind gute Voraussetzungen geschaffen, um sich zu entspannen, und ein Gefühl von Sicherheit entsteht.

Naturgeschichten

Der alte Baum

Diese Geschichte, beginnend mit der Einleitung, sollte Satz für Satz vorgelesen werden. Nach jedem Satz legen Sie eine kurze Pause ein und zählen lautlos langsam bis fünf. Drei Punkte zeigen diese Lesepause an. Längere Pausen sind durch das Wort ~ Pause ~ gekennzeichnet. Hier zählen Sie lautlos langsam bis acht.

Machen Sie es sich auf Ihrer Sitzgelegenheit bequem. … Legen Sie Ihre Arme entspannt ab, vielleicht auf den Armlehnen oder auf Ihren Oberschenkeln. … Auch Ihre Beine und Füße finden eine für Sie angenehme Position. … Ihr Rücken und Ihr Kopf sind ebenfalls in einer entspannten Haltung. … Schließen Sie, wenn Sie mögen, die Augen. … Spüren Sie Ihren Atem. … Sie atmen entspannt und in Ihrem Tempo ein und aus.

~ Pause ~

Es ist ein herrlicher Sommertag und Sie stehen in Ihrer Fantasie auf einer Wiese. … Die Sonne scheint, die Luft ist angenehm warm und einige kleine, weiße Wolken ziehen gemächlich am Himmel entlang. … Können Sie lustige Wolkenfiguren erkennen?

~ Pause ~

Auf der Wiese steht ein großer, sehr alter Baum. … Langsam gehen Sie auf ihn zu, bis Sie mit ausgestreckter Hand seine Rinde berühren können. … Ihre Finger gleiten über die raue Oberfläche, die sich zu Ihrer Überraschung angenehm kühl anfühlt. … Können Sie die unterschiedlichen Unebenheiten der Rinde ertasten? … Sie sehen, dass an einer Stelle ein kleines Herz mit zwei Buchstaben eingeritzt wurde. … Es ist schon sehr alt und

Sie versuchen, mit Ihren Fingerspitzen die Buchstaben zu ertasten. ... Dabei nehmen Sie eine kleine Ameise wahr, die über die Baumrinde krabbelt.

~ Pause ~

Unter diesem Baum steht eine wunderschöne Bank. ... Langsam gehen Sie zu ihr hin und setzen sich. ... Sie fühlt sich sonnenwarm und bequem an. ... Hier verweilen Sie eine ganze Zeit.

~ Pause ~

Sie finden es sehr angenehm, hier zu sitzen. ... Das riesige, grüne Blätterdach spendet Ihnen herrlichen Schatten.

~ Pause ~

Sie schauen nach oben und sehen, wie die Sonne durch die Blätter glitzert. ... Ein paar Sonnenstrahlen berühren Ihre Haut. ...

Sie fühlen sich angenehm warm und wohlig auf Ihrem Körper an. ... Eine entspannende Ruhe breitet sich mehr und mehr in Ihnen aus.

~ Pause ~

Wenn Sie möchten, streifen Sie in Ihrer Vorstellung Ihre Schuhe ab und spüren Sie das Gras unter Ihren Füßen. Wie fühlt es sich an? ... Ist es kühl und feucht oder warm und trocken? ... Spüren Sie vielleicht sogar ein leichtes Kitzeln oder Kribbeln unter Ihren Füßen?

~ Pause ~

Jetzt schauen Sie sich um. ... Sie betrachten die Wiese und die wunderschönen Blumen und Kräuter, die dort wachsen. ... Welche Farben haben die Blüten? ... Gibt es eine Blume, die Ihnen besonders gut gefällt? ... Was ist so besonders an dieser Blume?

~ Pause ~

Sie genießen die Ruhe unter dem Baum. ... Eine tiefe Ruhe und Zufriedenheit breitet sich weiter in Ihnen aus.

~ Pause ~

Dann hören Sie ein paar Vögel zwitschern. ... Trommelt da auch ein Specht? ... In weiter Ferne können Sie ganz schwach das Geräusch eines fließenden Baches wahrnehmen. ... Ein leichter Windstoß lässt die Blätter im Baum über Ihnen rauschen.

~ Pause ~

Nun atmen Sie einmal tief ein. ... Können Sie auch etwas riechen? ... Gibt es einen Geruch, der Ihnen besonders gefällt? ... Genießen Sie den Duft der Wiese und des Baumes noch einen kleinen Augenblick.

~ Pause ~

Sie fühlen sich entspannt. Diese wunderbare Entspanntheit nehmen Sie mit und kommen jetzt gedanklich wieder zurück in den Raum, in dem Sie gerade sitzen.

~ Pause ~

Atmen Sie noch einmal tief ein und aus und gähnen Sie, wenn Ihnen danach zumute ist. … Öffnen Sie Ihre Augen, falls Sie sie geschlossen hatten: Sie fühlen sich erfrischt und aktiv.

Machen Sie die folgenden Aktivierungsübungen mit, soweit es Ihnen möglich ist:

- Bewegen Sie jetzt Ihre Finger, als würden diese Klavier spielen.
- Schütteln Sie Ihre Hände aus.
- Machen Sie mit beiden Händen eine lockere Faust, öffnen Sie Ihre Hände und spreizen Sie die Finger.
- Lassen Sie Ihre Schultern locker hängen und kreisen Sie mit beiden Schultern 3-mal vorwärts und 3-mal rückwärts.
- Schütteln Sie erst den rechten Fuß aus und dann den linken.
- Zum Abschluss rekeln und strecken Sie sich, so gut Sie können.

Aktivierung zur Entspannungsgeschichte

Lassen Sie nachspüren ...

- Was hat Ihnen in dieser Geschichte am besten gefallen?
- Wie hat sich der Baum für Sie angefühlt?
- Welches Laub hatte der Baum?
- Welche Blumen und Kräuter haben Sie gesehen?
- Welche Gerüche haben Sie wahrgenommen?
- Welche Geräusche haben Sie gehört?

Lassen Sie erzählen ...

- Haben Sie auch schon einmal unter einem Baum auf einer Wiese gesessen?
- Wie sah der Baum aus?
- Zu welcher Jahreszeit haben Sie dort gesessen?
- Was haben Sie dort gesehen?

Sinnesanregung

Bringen Sie verschiedene frische Kräuter mit, z. B. Basilikum, Salbei, Majoran oder Liebstöckel, und lassen Sie die Teilnehmer reihum daran riechen. Nach jeder Runde überlegen Sie gemeinsam, in welchen Speisen die Kräuter typischerweise ihre Anwendung finden, wie z. B. Tomaten mit Mozzarella und Basilikum, Salbeibutter, Bohnen mit Majoran ...
Fragen Sie die Teilnehmer nach Vorlieben für bestimmte Kräuter oder Rezepte. Diese könnten noch zusätzlich vorgestellt werden.

Das Picknick im Park

Diese Geschichte, beginnend mit der Einleitung, sollte Satz für Satz vorgelesen werden. Nach jedem Satz legen Sie eine kurze Pause ein und zählen lautlos langsam bis fünf. Drei Punkte zeigen diese Lesepause an. Längere Pausen sind durch das Wort ~ Pause ~ gekennzeichnet. Hier zählen Sie lautlos langsam bis acht.

Machen Sie es sich auf Ihrer Sitzgelegenheit bequem. … Legen Sie Ihre Arme entspannt ab, vielleicht auf den Armlehnen oder auf Ihren Oberschenkeln. … Auch Ihre Beine und Füße finden eine für Sie angenehme Position. … Ihr Rücken und Ihr Kopf sind ebenfalls in einer entspannten Haltung. … Schließen Sie, wenn Sie mögen, die Augen. … Spüren Sie Ihren Atem. … Sie atmen entspannt und in Ihrem Tempo ein und aus.

~ Pause ~

Stellen Sie sich vor, dass es an Ihrer Wohnungstür klingelt. … Sie öffnen die Tür und sind überrascht, Ihre nette Nachbarin mit einem Picknickkorb in der Hand zu sehen. … Diese lädt Sie zu einem Picknick im nahe gelegenen Park ein.

~ Pause ~

Gemeinsam schlendern Sie gemütlich zur Grünanlage. … Sie genießen die wärmenden Sonnenstrahlen auf Ihrem Körper und erfreuen sich an diesem herrlichen Sommertag.

~ Pause ~

Sie gehen geradewegs zu den Picknickbänken und finden ein gemütliches Plätzchen neben einem prächtig blühenden Blumenbeet. …

Viele bunte Schmetterlinge fliegen von einer Blüte zur nächsten.

~ Pause ~

Zuerst nimmt die Nachbarin eine rot karierte Decke aus ihrem Picknickkorb und breitet diese auf dem Tisch aus. … Dann packt sie einen herrlich duftenden Marmorkuchen sowie leckere Blaubeertörtchen aus. … Zum Schluss stellt sie noch eine Schüssel mit kalter, zuckersüßer Schlagsahne … und eine Kanne mit heißem, duftendem Kaffee sowie zwei Tassen auf die Tischdecke.

~ Pause ~

Sie entscheiden sich für ein köstliches Blaubeertörtchen und lassen es sich genüsslich auf der Zunge zergehen.

~ Pause ~

Sie bemerken ein Eichhörnchen, das munter durchs Blumenbeet huscht. … Ein herrlich leuchtend gelber Zitronenfalter scheint seine Aufmerksamkeit erregt zu haben. … Ein warmer Luftzug weht den angenehmen Duft der Blumen zu Ihnen herüber.

~ Pause ~

Ganz in der Nähe nehmen Sie Vogelgezwitscher und das Lachen kleiner Kinder wahr. … In weiter Ferne hören Sie ganz leise die Motorengeräusche des Straßenverkehrs.

~ Pause ~

Vollkommen zufrieden und satt vom leckeren Kuchen genießen Sie die entspannte Atmosphäre im Park. … Sie lassen Ihren Blick noch einmal in aller Ruhe über die Umgebung schweifen.

~ Pause ~

Sie fühlen sich entspannt. … Diese wunderbare Entspanntheit nehmen Sie mit und kommen jetzt gedanklich wieder zurück in den Raum, in dem Sie gerade sitzen.

~ Pause ~

Atmen Sie noch einmal tief ein und aus und gähnen Sie, wenn Ihnen danach zumute ist. … Öffnen Sie Ihre Augen, falls Sie sie geschlossen hatten: Sie fühlen sich erfrischt und aktiv.

Machen Sie die folgenden Aktivierungsübungen mit, soweit es Ihnen möglich ist:

- Bewegen Sie jetzt Ihre Finger, als würden diese Klavier spielen.
- Schütteln Sie Ihre Hände aus.
- Machen Sie mit beiden Händen eine lockere Faust, öffnen Sie Ihre Hände und spreizen Sie die Finger.
- Lassen Sie Ihre Schultern locker hängen und kreisen Sie mit beiden Schultern 3-mal vorwärts und 3-mal rückwärts.
- Schütteln Sie erst den rechten Fuß aus und dann den linken.
- Zum Abschluss rekeln und strecken Sie sich, so gut Sie können.

Aktivierung zur Entspannungsgeschichte

Lassen Sie nachspüren …

- Was hat Ihnen in dieser Geschichte am besten gefallen?
- Welche Gerüche haben Sie in der Geschichte wahrgenommen?
- Welche Geräusche haben Sie in der Geschichte gehört?

Lassen Sie erzählen …

- Haben Sie auch schon einmal ein Picknick gemacht?
- Wo fand dieses Picknick statt?
- Wer war dabei?
- Gab es einen besonderen Anlass für dieses Picknick?
- Was haben Sie für dieses Picknick eingepackt?
- War etwas Selbstgemachtes dabei und wie haben Sie es zubereitet?

Sinnesanregung

Bereiten Sie Tastsäckchen mit Gegenständen vor, die zu einem Picknick gehören, z. B. Apfel, Birne, Apfelsine oder Löffel. (Achtung, wegen der Verletzungsgefahr keine Gabeln oder Messer!) Sie können auch Materialien aus der Natur verwenden, wie Kastanien oder Steine. Die Tastsäckchen werden reihum gereicht. Jeder Teilnehmer versucht, durch Tasten herauszufinden, was sich in den einzelnen Säckchen befindet, und merkt sich den Inhalt. Fragen Sie am Ende der Runde nach den ertasteten Gegenständen. Bei weniger fitten Teilnehmern ertastet jeder nur sein Säckchen und beschreibt seinen Gegenstand, sofern möglich, der Gruppe.

Der Spaziergang am Bach

Diese Geschichte, beginnend mit der Einleitung, sollte Satz für Satz vorgelesen werden. Nach jedem Satz legen Sie eine kurze Pause ein und zählen lautlos langsam bis fünf. Drei Punkte zeigen diese Lesepause an. Längere Pausen sind durch das Wort ~ Pause ~ gekennzeichnet. Hier zählen Sie lautlos langsam bis acht.

Machen Sie es sich auf Ihrer Sitzgelegenheit bequem. … Legen Sie Ihre Arme entspannt ab, vielleicht auf den Armlehnen oder auf Ihren Oberschenkeln. … Auch Ihre Beine und Füße finden eine für Sie angenehme Position. … Ihr Rücken und Ihr Kopf sind ebenfalls in einer entspannten Haltung. … Schließen Sie, wenn Sie mögen, die Augen. … Spüren Sie Ihren Atem. … Sie atmen entspannt und in Ihrem Tempo ein und aus.

~ Pause ~

Nachdem es in den vergangenen Tagen geregnet hat, scheint heute endlich wieder die Sonne. … Sie beschließen, einen kleinen Spaziergang zu machen. … Die Luft riecht klar und frisch. … Sie atmen sie tief ein.

~ Pause ~

Der Himmel ist strahlend blau. … Die Sonne scheint und Sie spüren die wärmenden Sonnenstrahlen auf Ihrem Körper.

~ Pause ~

Schon nach kurzer Zeit erreichen Sie den nahe gelegenen Wald. … Der Waldboden fühlt sich unter Ihren Füßen angenehm weich an. … Ein Duft von feuchter, frischer Erde liegt in der Luft.

~ Pause ~

Ihr Weg führt bereits nach wenigen Schritten an einem Bach vorbei. ... Sie hören das Plätschern des Wassers ... und sind überrascht, wie klar und rein das Wasser aussieht.

~ Pause ~

Vereinzelt erkennen Sie bunte Kieselsteine im Wasser. ... Am Ufer wächst herrlich grünes Moos. ... Sie streichen mit Ihren Händen darüber. ... Es fühlt sich sonnenwarm und weich an. ... Es verströmt einen angenehmen Duft.

~ Pause ~

Durch die Äste blitzen vereinzelte Sonnenstrahlen. ... Sie lassen das Wasser des Baches in den Farben des Regenbogens glitzern und funkeln.

~ Pause ~

Gemächlich spazieren Sie weiter am Bach entlang. ... Ein warmer Windhauch streift ab und zu Ihr Gesicht. ... Die Äste der Bäume wiegen sich sanft im Wind und rauschen ganz sacht.

~ Pause ~

Während Sie dem Bachlauf folgen, nehmen Sie das Hämmern eines Spechtes wahr. ... In den Bäumen sitzen Vögel und zwitschern fröhlich. ... Sie schauen nach oben und können Buchfinken und Meisen im Blätterwerk erkennen.

~ Pause ~

Sie kommen an eine Lichtung. ... Der Bach schlängelt sich jetzt durch eine Wiese. ... Sie spüren das weiche Gras unter Ihren Füßen. ... Viele bunte Blumen wachsen hier und verströmen einen angenehmen Duft.

~ Pause ~

Sie genießen es, Teil dieser wunderschönen Wiese zu sein, und fühlen sich so entspannt wie schon lange nicht mehr. … Diese wunderbare Entspanntheit nehmen Sie mit und kommen jetzt gedanklich wieder zurück in den Raum, in dem Sie gerade sitzen.

~ Pause ~

Atmen Sie noch einmal tief ein und aus und gähnen Sie, wenn Ihnen danach zumute ist. … Öffnen Sie Ihre Augen, falls Sie sie geschlossen hatten: Sie fühlen sich erfrischt und aktiv.

Machen Sie die folgenden Aktivierungsübungen mit, soweit es Ihnen möglich ist:

- Bewegen Sie jetzt Ihre Finger, als würden diese Klavier spielen.
- Schütteln Sie Ihre Hände aus.
- Machen Sie mit beiden Händen eine lockere Faust, öffnen Sie Ihre Hände und spreizen Sie die Finger.
- Lassen Sie Ihre Schultern locker hängen und kreisen Sie mit beiden Schultern 3-mal vorwärts und 3-mal rückwärts.
- Schütteln Sie erst den rechten Fuß aus und dann den linken.
- Zum Abschluss rekeln und strecken Sie sich, so gut Sie können.

Aktivierung zur Entspannungsgeschichte

Lassen Sie nachspüren ...

- Was hat Ihnen in dieser Geschichte am besten gefallen?
- Wie hörte sich das Plätschern des Wassers für Sie an?
- Wie hat sich das Moos für Sie angefühlt?
- Welche Vögel haben Sie gesehen?

Lassen Sie erzählen ...

- Sind Sie auch schon einmal an einem Bach entlangspaziert?
- Wo befindet sich dieser Bach?
- Was haben Sie dort in den verschiedenen Jahreszeiten gesehen?
- Haben Sie schon einmal Ihre Füße in einem Bach gebadet? Wie war das?

Sinnesanregung

Machen Sie gemeinsam Flaschenmusik: Füllen Sie leere Flaschen mit unterschiedlich viel Wasser. Pro Teilnehmer benötigen Sie eine Flasche. Nachdem die mit Wasser gefüllten Flaschen an die Teilnehmer verteilt wurden, versucht jeder, einen Ton mit seiner Flasche zu produzieren, indem er, wie bei einer Panflöte, über den Rand der Flasche pustet. Wer erzeugt den höchsten Ton, wer den tiefsten? Gelingt es sogar, gemeinsam eine Melodie zu spielen?

Der Waldausflug

Diese Geschichte, beginnend mit der Einleitung, sollte Satz für Satz vorgelesen werden. Nach jedem Satz legen Sie eine kurze Pause ein und zählen lautlos langsam bis fünf. Drei Punkte zeigen diese Lesepause an. Längere Pausen sind durch das Wort ~ Pause ~ gekennzeichnet. Hier zählen Sie lautlos langsam bis acht.

Machen Sie es sich auf Ihrer Sitzgelegenheit bequem. … Legen Sie Ihre Arme entspannt ab, vielleicht auf den Armlehnen oder auf Ihren Oberschenkeln. … Auch Ihre Beine und Füße finden eine für Sie angenehme Position. … Ihr Rücken und Ihr Kopf sind ebenfalls in einer entspannten Haltung. … Schließen Sie, wenn Sie mögen, die Augen. … Spüren Sie Ihren Atem. … Sie atmen entspannt und in Ihrem Tempo ein und aus.

~ Pause ~

Es ist ein wunderschöner, sonniger Sonntagmorgen und Sie werden von Vogelgezwitscher geweckt. … Ehe Sie aufstehen, rekeln und strecken Sie sich genüsslich. … Wie gut das tut! … Sie gehen ans Fenster, … öffnen es weit und atmen die frische Morgenluft ein.

~ Pause ~

Nach einem gemütlichen Frühstück mit herrlich duftendem Kaffee, … frischem Brot mit Marmelade und einem Glas frisch gepresstem Orangensaft … beschließen Sie, einen Waldausflug zu machen.

~ Pause ~

In Ihren kleinen Wanderrucksack packen Sie einen roten Apfel, der einen süßlichen Duft verbreitet, … eine kleine Flasche Apfelschorle und ein herzhaftes Schinkenbrot.

~ Pause ~

Gut gelaunt und voller Vorfreude machen Sie sich auf den Weg. … Schon nach kurzer Zeit haben Sie den Waldrand erreicht. … Tief atmen Sie die würzige, frische Waldluft ein.

~ Pause ~

Ihr Weg führt an einem Waldsee vorbei. … Spiegelglatt und ruhig liegt das Wasser vor Ihnen. … Sie nehmen ein paar flache Kieselsteine und lassen sie über das Wasser hüpfen, ehe Sie Ihren Weg fortsetzen.

~ Pause ~

Es dauert nicht lange und Sie kommen an einer Bank vorbei. … Sie beschließen, sich dort hinzusetzen und Ihren mitgebrachten Proviant zu verzehren. … Das Holz der Bank duftet und fühlt sich sonnenwarm an. … Sie spüren, wie die Wärme Ihren ganzen Körper angenehm durchströmt.

~ Pause ~

In aller Ruhe verzehren Sie Ihr Schinkenbrot … und trinken dazu von Ihrer Apfelschorle. … Die Kohlensäure prickelt angenehm kühl in Ihrem Hals.

~ Pause ~

Einige Spatzen lassen sich vor Ihren Füßen nieder … und Sie füttern sie mit etwas Brot. … Es sieht lustig aus, wie sich die kleinen Vögel um die Brotkrumen streiten.

~ Pause ~

Ehe Sie Ihren Waldausflug fortsetzen, lassen Sie sich noch den mitgebrachten roten Apfel schmecken. … Er schmeckt saftig süß.

~ Pause ~

Frisch gestärkt, setzen Sie Ihren Weg fort. … Sie fühlen sich wohl … eins mit der Natur … und genießen es, im herrlich grünen Wald zu wandern.

~ Pause ~

Sie fühlen sich entspannt. Diese wunderbare Entspanntheit nehmen Sie mit und kommen jetzt gedanklich wieder zurück in den Raum, in dem Sie gerade sitzen.

~ Pause ~

Atmen Sie noch einmal tief ein und aus und gähnen Sie, wenn Ihnen danach zumute ist. … Öffnen Sie Ihre Augen, falls Sie sie geschlossen hatten: Sie fühlen sich erfrischt und aktiv.

Machen Sie die folgenden Aktivierungsübungen mit, soweit es Ihnen möglich ist:

- Bewegen Sie jetzt Ihre Finger, als würden diese Klavier spielen.
- Schütteln Sie Ihre Hände aus.
- Machen Sie mit beiden Händen eine lockere Faust, öffnen Sie Ihre Hände und spreizen Sie die Finger.
- Lassen Sie Ihre Schultern locker hängen und kreisen Sie mit beiden Schultern 3-mal vorwärts und 3-mal rückwärts.
- Schütteln Sie erst den rechten Fuß aus und dann den linken.
- Zum Abschluss rekeln und strecken Sie sich, so gut Sie können.

Aktivierung zur Entspannungsgeschichte

Lassen Sie nachspüren …

- Was hat Ihnen in dieser Geschichte am besten gefallen?
- Wie hat die frische Morgenluft für Sie gerochen?
- Wie hat es sich für Sie angefühlt, auf der Bank zu sitzen?
- Welchen Geschmack hatte der Apfel für Sie?

Lassen Sie erzählen …

- Gehen Sie gern im Wald spazieren?
- Gehen Sie immer den gleichen Weg oder probieren Sie auch mal einen neuen?
- Welche Tiere konnten Sie dabei schon beobachten?
- Zu welcher Jahreszeit gefällt Ihnen der Wald am besten?

Sinnesanregung

Legen Sie Bilder von unterschiedlichen Bäumen, deren Blättern und Früchten auf einem Tisch aus. Die Teilnehmer überlegen, zu welchem Baum die Blätter und Früchte gehören. Alternativ können Sie auch frische Blätter und Früchte von Bäumen auslegen.

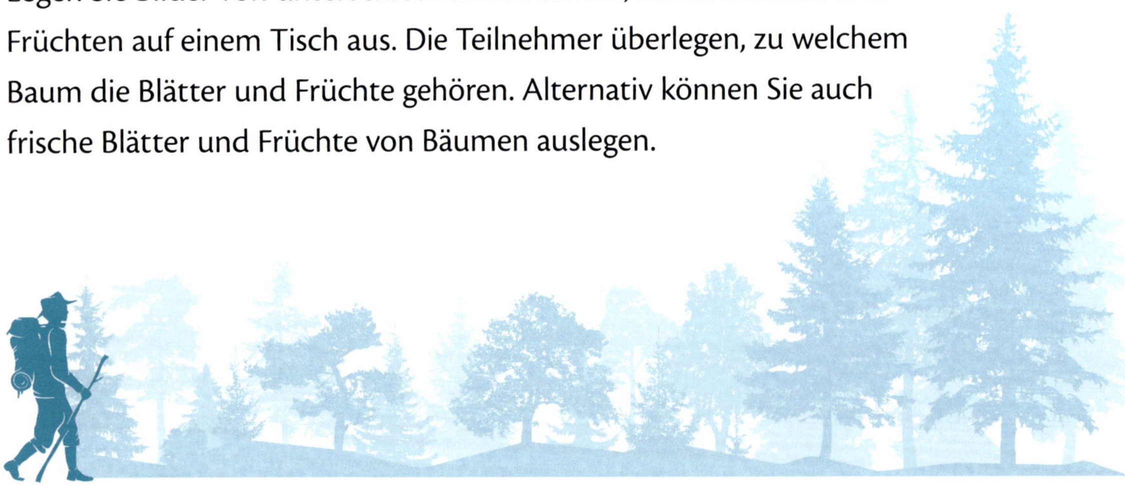

Eine Gartenidylle

Diese Geschichte, beginnend mit der Einleitung, sollte Satz für Satz vorgelesen werden. Nach jedem Satz legen Sie eine kurze Pause ein und zählen lautlos langsam bis fünf. Drei Punkte zeigen diese Lesepause an. Längere Pausen sind durch das Wort ~ Pause ~ gekennzeichnet. Hier zählen Sie lautlos langsam bis acht.

Machen Sie es sich auf Ihrer Sitzgelegenheit bequem. … Legen Sie Ihre Arme entspannt ab, vielleicht auf den Armlehnen oder auf Ihren Oberschenkeln. … Auch Ihre Beine und Füße finden eine für Sie angenehme Position. … Ihr Rücken und Ihr Kopf sind ebenfalls in einer entspannten Haltung. … Schließen Sie, wenn Sie mögen, die Augen. … Spüren Sie Ihren Atem. … Sie atmen entspannt und in Ihrem Tempo ein und aus.

~ Pause ~

Stellen Sie sich vor, Sie befinden sich in einem wunderschön angelegten Garten. … Der Garten ist so groß, er erinnert an einen Park. … Soweit das Auge reicht, sehen Sie Blumenbeete in den unterschiedlichsten Farben.

~ Pause ~

Saubere, frisch geharkte Wege führen zu den einzelnen Beeten. … Der Boden unter Ihren Füßen fühlt sich angenehm weich an.

~ Pause ~

Sie kommen an ein Blumenbeet, das ganz in blau gehalten ist. … Welche Blumen können Sie erkennen?

~ Pause ~

Der Weg führt weiter an einem kleinen Teich vorbei. … Weiße und rosafarbene Seerosen erfreuen Ihr Auge. … Sie nehmen ein leises Quaken wahr. … Nach längerem Suchen entdecken Sie einen Laubfrosch, der auf einem Seerosenblatt sitzt. … Libellen schwirren über das Wasser.

~ Pause ~

Ein leichter Windhauch weht den zarten Duft von Rosen zu Ihnen herüber. ... Sie folgen dem Duft ... und kommen an ein großes Beet, das mit verschiedenen Rosen bepflanzt ist. ... An Rosenspalieren sehen Sie wunderschöne, karminrote Blüten, die einen betörenden Duft verbreiten.

~ Pause ~

Gleich neben dem Rosenbeet blühen leuchtend gelbe Königskerzen, ... orangefarbene Ringelblumen ... und gelb-orange-rote Kapuzinerkresse.

~ Pause ~

Sie gehen weiter und kommen an einem Springbrunnen vorbei. ... Sie nehmen das Plätschern des Wassers wahr ... und halten eine Hand ins Wasser. ... Es fühlt sich angenehm kühl an.

~ Pause ~

Neben dem Springbrunnen steht ein großer Schmetterlingsflieder. ... Sie erfreuen sich an dem bunten Treiben der Schmetterlinge. ... Sie strecken ganz sacht Ihre Hand aus ... und tatsächlich, nach kurzer Zeit lässt sich ein Schmetterling darauf nieder.

~ Pause ~

Glücklich über dieses Erlebnis setzen Sie Ihren Weg fort. ... Sie haben fast das Ende dieses wunderschönen Gartens erreicht. ... Ein Blumenbeet, das in rosa-weiß gehalten ist, liegt nun vor Ihnen. ... Es ist mit Prachtkerzen, deren Blüten wie kleine Schmetterlinge aussehen, bepflanzt ... sowie mit Verbenen und Malven. ... Sie hören das Summen und Brummen der Bienen und Hummeln, die fleißig Nektar sammeln. ... Sie genießen die wunderbare Idylle des Gartens.

~ Pause ~

Sie fühlen sich entspannt. Diese wunderbare Entspanntheit nehmen Sie mit und kommen jetzt gedanklich wieder zurück in den Raum, in dem Sie gerade sitzen.

~ Pause ~

Atmen Sie noch einmal tief ein und aus und gähnen Sie, wenn Ihnen danach zumute ist. … Öffnen Sie Ihre Augen, falls Sie sie geschlossen hatten: Sie fühlen sich erfrischt und aktiv.

Machen Sie die folgenden Aktivierungsübungen mit, soweit es Ihnen möglich ist:

- Bewegen Sie jetzt Ihre Finger, als würden diese Klavier spielen.
- Schütteln Sie Ihre Hände aus.
- Machen Sie mit beiden Händen eine lockere Faust, öffnen Sie Ihre Hände und spreizen Sie die Finger.
- Lassen Sie Ihre Schultern locker hängen und kreisen Sie mit beiden Schultern 3-mal vorwärts und 3-mal rückwärts.
- Schütteln Sie erst den rechten Fuß aus und dann den linken.
- Zum Abschluss rekeln und strecken Sie sich, so gut Sie können.

Aktivierung zur Entspannungsgeschichte

Lassen Sie nachspüren …

- Was hat Ihnen in dieser Geschichte am besten gefallen?
- Welche Blumen haben Sie im blauen Beet gesehen?
- Konnten Sie den Schmetterling auf Ihrer Hand spüren? Wie hat er sich angefühlt?
- Wie sah der Garten in Ihrer Fantasie aus?

Lassen Sie erzählen …

- Haben Sie schon einmal einen botanischen Garten besucht?
- Können Sie sich erinnern, welche Pflanzen dort wuchsen?
- Arbeiten Sie gern im Garten? Was gefällt Ihnen dabei am besten?
- Finden Sie, dass Gartenarbeit eine beruhigende Wirkung auf den Menschen hat?
- Woran mag das wohl liegen?

Sinnesanregung

Bringen Sie unterschiedliche Blumen mit in die Runde. Lassen Sie die Senioren an diesen riechen und sie betasten. Die Teilnehmer sollen beschreiben, welchen Duft die Pflanzen verbreiten und wie sie sich anfühlen.

ACHTUNG! Klären Sie vorher unbedingt ab, ob jemand womöglich allergisch reagieren könnte. Bringen Sie nur ungiftige Blumen mit, wie z. B. Kapuzinerkresse, Gänseblümchen, Rosen (Dornen entfernen!), Löwenzahn, Schmetterlingsflieder, Hortensie.

Reisegeschichten

Ausflug in die Berge

Diese Geschichte, beginnend mit der Einleitung, sollte Satz für Satz vorgelesen werden. Nach jedem Satz legen Sie eine kurze Pause ein und zählen lautlos langsam bis fünf. Drei Punkte zeigen diese Lesepause an. Längere Pausen sind durch das Wort ~ Pause ~ gekennzeichnet. Hier zählen Sie lautlos langsam bis acht.

Machen Sie es sich auf Ihrer Sitzgelegenheit bequem. ... Legen Sie Ihre Arme entspannt ab, vielleicht auf den Armlehnen oder auf Ihren Oberschenkeln. ... Auch Ihre Beine und Füße finden eine für Sie angenehme Position. ... Ihr Rücken und Ihr Kopf sind ebenfalls in einer entspannten Haltung. ... Schließen Sie, wenn Sie mögen, die Augen. ... Spüren Sie Ihren Atem. ... Sie atmen entspannt und in Ihrem Tempo ein und aus.

~ Pause ~

Stellen Sie sich vor, Sie fahren mit einem Cabriolet durch das bergige Südtirol in Italien. ... Auf geschwungenen Landstraßen fahren Sie an Wiesen vorbei ... und auch durch Waldstücke.

~ Pause ~

Sie merken, wie angenehm sommerlich es ist ... und wie der warme Fahrtwind mit Ihren Haaren spielt. ... Bei der Fahrt durch den Wald bemerken Sie eine sanfte, kühle Brise, die Sie erfrischt.

~ Pause ~

Hinter einer großen, geschwungenen Kurve breitet sich vor Ihnen eine kleine Ansammlung von Gebäuden aus. ... Sie sehen kleine Wohnhäuser, ... einen wunderschönen, alten

Gasthof, … eine hübsche Wallfahrtskirche … und einen Stall.

~ Pause ~

Sie stellen das Auto ab, steigen aus und stehen vor dem imposanten Gasthof. … Die Fassade ist, wie in dieser Gegend üblich, wunderschön bemalt … und an jedem Balkon hängen Blumenkästen, in denen üppige Geranien wachsen.

~ Pause ~

Auf der einladend aussehenden Terrasse setzen Sie sich auf eine Bank an der Hauswand. … Sie spüren an Ihrem Rücken, dass die Wand von der Sonne erwärmt wurde und eine wohlige Wärme abstrahlt.

~ Pause ~

Der Ausblick ist unbeschreiblich. … Sie sehen saftige Wiesen, … einen kleinen Bach, der sich durch das Tal schlängelt, … und eine größere Gruppe hoher Nadelbäume.

~ Pause ~

In einem kleinen Naturteich plätschert Wasser. … Dann vernehmen Sie ganz leise das Geräusch von Glocken. … Das Geläut wird immer lauter und kommt näher. … Sie hören auch das Muhen von Kühen, die ihre Kälbchen rufen. … Dann kommt die Kuhherde am Gasthof vorbeigetrottet. … Was für eine Idylle!

~ Pause ~

Durch ein Fenster des Gasthofes steigt Ihnen der leckere Duft von Mittagessen in die Nase und Sie beschließen, eine Kleinigkeit zu essen.

~ Pause ~

All diese Eindrücke vermitteln Ihnen ein wunderbares, unbeschwertes Lebensgefühl, das Sie noch eine ganze Weile genießen. Sie freuen sich, dass Sie Ihren Ausflug zu einem Erlebnis für Körper und Seele gemacht haben.

~ Pause ~

Sie fühlen sich entspannt. Diese wunderbare Entspanntheit nehmen Sie mit und kommen jetzt gedanklich wieder zurück in den Raum, in dem Sie gerade sitzen.

~ Pause ~

Atmen Sie noch einmal tief ein und aus und gähnen Sie, wenn Ihnen danach zumute ist. … Öffnen Sie Ihre Augen, falls Sie sie geschlossen hatten: Sie fühlen sich erfrischt und aktiv.

Machen Sie die folgenden Aktivierungsübungen mit, soweit es Ihnen möglich ist:

- Bewegen Sie jetzt Ihre Finger, als würden diese Klavier spielen.
- Schütteln Sie Ihre Hände aus.
- Machen Sie mit beiden Händen eine lockere Faust, öffnen Sie Ihre Hände und spreizen Sie die Finger.
- Lassen Sie Ihre Schultern locker hängen und kreisen Sie mit beiden Schultern 3-mal vorwärts und 3-mal rückwärts.
- Schütteln Sie erst den rechten Fuß aus und dann den linken.
- Zum Abschluss rekeln und strecken Sie sich, so gut Sie können.

Aktivierung zur Entspannungsgeschichte

Lassen Sie nachspüren …

- Was hat Ihnen in dieser Geschichte am besten gefallen?
- Wie hat sich der Fahrtwind in Ihren Haaren angefühlt?
- Welche Nadelbäume konnten Sie erkennen?
- Was haben Sie in dem Gasthof zu Mittag gegessen?

Lassen Sie erzählen …

- Sind Sie auch schon einmal Cabriolet gefahren?
- Wo haben Sie mal Urlaub in den Bergen gemacht?
- Waren Sie schon einmal bei einem Almabtrieb dabei?
- Haben Sie mal auf einer Alm übernachtet?

Sinnesanregung

Bringen Sie unterschiedliche Gefäße aus Glas und Porzellan mit, wie z. B. Kaffeetasse, Glas, Flasche, Sparschwein, Vase. Fordern Sie die Senioren dazu auf, sich die Gefäße genau anzuschauen.
Bitten Sie dann Ihre Teilnehmer, die Augen zu schließen. Nun schlagen Sie eines der Gefäße mit einem Stift oder einem Klöppel an. Danach öffnen die Teilnehmer ihre Augen und sollen das gehörte Gefäß bestimmen. Anschließend wiederholen Sie die Übung mit den anderen Gefäßen.
Alternativ können Sie die Gefäße vor Einstieg in die Übung alle einmal anschlagen, dies erleichtert die spätere Zuordnung.

Die Fahrradtour

Diese Geschichte, beginnend mit der Einleitung, sollte Satz für Satz vorgelesen werden. Nach jedem Satz legen Sie eine kurze Pause ein und zählen lautlos langsam bis fünf. Drei Punkte zeigen diese Lesepause an. Längere Pausen sind durch das Wort ~ Pause ~ gekennzeichnet. Hier zählen Sie lautlos langsam bis acht.

Machen Sie es sich auf Ihrer Sitzgelegenheit bequem. ... Legen Sie Ihre Arme entspannt ab, vielleicht auf den Armlehnen oder auf Ihren Oberschenkeln. ... Auch Ihre Beine und Füße finden eine für Sie angenehme Position. ... Ihr Rücken und Ihr Kopf sind ebenfalls in einer entspannten Haltung. ... Schließen Sie, wenn Sie mögen, die Augen. ... Spüren Sie Ihren Atem. ... Sie atmen entspannt und in Ihrem Tempo ein und aus.

~ Pause ~

Sie machen Urlaub im Rheinland und möchten die nähere Umgebung mit dem Fahrrad erkunden. ... Das Wetter ist sonnig und nicht zu heiß, ... genau richtig für eine Fahrradtour.

~ Pause ~

In das Körbchen am Lenker Ihres Fahrrades legen Sie eine kleine Flasche Mineralwasser ... und eine Banane. ... Ihre Schale fühlt sich glatt und kühl an.

~ Pause ~

Nachdem Sie sich Ihren Fahrradhelm aufgesetzt haben, kann die Tour losgehen. ... Der gepolsterte Sattel ist angenehm weich und sehr bequem. ... Gemütlich radeln Sie an den Häusern vorbei, die Sie schon bald ganz hinter sich lassen.

~ Pause ~

Ihr Weg führt Sie zu einem Leinpfad. ... Sie lieben es, am Wasser entlangzuradeln. ... Zu beiden Seiten des Weges stehen unterschiedliche Bäume und Sträucher. ...

Am Wegesrand blühen verschiedene bunte Blumen. ... Sie erkennen auch leuchtend gelben Löwenzahn.

~ Pause ~

Ab und zu weht Ihnen ein zarter, blumiger Duft entgegen. ... Woher er wohl kommen mag?

~ Pause ~

Sie spüren den Fahrtwind in Ihrem Gesicht. ... Er fühlt sich erfrischend an ... und die Sonnenstrahlen wärmen Sie aufs Angenehmste ... nicht zu heiß, genau richtig für Ihre Fahrradtour.

~ Pause ~

Sie kommen an einer Bank vorbei und Sie legen eine kleine Pause ein, ... dabei spüren Sie, wie durstig Sie geworden sind.

~ Pause ~

Die Mineralwasserflasche zischt beim Öffnen ein wenig. ... Das Wasser schmeckt herrlich erfrischend ... und prickelt angenehm in Ihrem Hals. ... Nachdem Ihr Durst gestillt ist, macht sich ein kleiner Hunger bemerkbar. ... Sie beschließen, die Banane zu essen. ... Sie schmeckt süß. ... Sie genießen jeden einzelnen Bissen.

~ Pause ~

Versonnen schauen Sie aufs Wasser. ... Sie hören, wie das Wasser ans Ufer plätschert. ... Sogar einen Reiher können Sie erkennen, der sich in die Lüfte schwingt.

~ Pause ~

Sie fühlen sich eins mit Ihrer Umgebung, ... genießen noch einen Moment die Stille ... und setzen dann Ihre Fahrradtour fort.

~ Pause ~

Sie fühlen sich entspannt. Diese wunderbare Entspanntheit nehmen Sie mit und kommen jetzt gedanklich wieder zurück in den Raum, in dem Sie gerade sitzen.

~ Pause ~

Atmen Sie noch einmal tief ein und aus und gähnen Sie, wenn Ihnen danach zumute ist. ... Öffnen Sie Ihre Augen, falls Sie sie geschlossen hatten: Sie fühlen sich erfrischt und aktiv.

Machen Sie die folgenden Aktivierungsübungen mit, soweit es Ihnen möglich ist:

- Bewegen Sie jetzt Ihre Finger, als würden diese Klavier spielen.
- Schütteln Sie Ihre Hände aus.
- Machen Sie mit beiden Händen eine lockere Faust, öffnen Sie Ihre Hände und spreizen Sie die Finger.
- Lassen Sie Ihre Schultern locker hängen und kreisen Sie mit beiden Schultern 3-mal vorwärts und 3-mal rückwärts.
- Schütteln Sie erst den rechten Fuß aus und dann den linken.
- Zum Abschluss rekeln und strecken Sie sich, so gut Sie können.

Aktivierung zur Entspannungsgeschichte

Lassen Sie nachspüren …

- Was hat Ihnen in dieser Geschichte am besten gefallen?
- Welche Bäume und Sträucher haben Sie gesehen?
- Welche Blumen wuchsen am Wegesrand?
- Welche Gerüche konnten Sie wahrnehmen?

Lassen Sie erzählen …

- Hatten Sie als Kind ein eigenes Fahrrad?
- Wie sah Ihr Fahrrad aus?
- Haben Sie als Erwachsener auch Fahrradtouren unternommen?
- Wohin sind Sie gefahren?
- Haben Sie Ihr Fahrrad auch mit in den Urlaub genommen?

Sinnesanregung

Legen Sie auf dem Tisch oder dem Boden Bilder von unterschiedlichen Fahrrädern aus. Jeder Teilnehmer sucht sich ein Bild aus, zeigt es reihum der Gruppe, beschreibt sein Fahrrad und erklärt dabei, warum er sich für dieses entschieden hat. Sammeln Sie anschließend die Bilder ein, mischen Sie diese und zeigen Sie nacheinander die Fahrradbilder. Die Teilnehmer sollen sich erinnern, wer das entsprechende Bild des Fahrrads hatte.

Am Strand

Diese Geschichte, beginnend mit der Einleitung, sollte Satz für Satz vorgelesen werden. Nach jedem Satz legen Sie eine kurze Pause ein und zählen lautlos langsam bis fünf. Drei Punkte zeigen diese Lesepause an. Längere Pausen sind durch das Wort ~ Pause ~ gekennzeichnet. Hier zählen Sie lautlos langsam bis acht.

Machen Sie es sich auf Ihrer Sitzgelegenheit bequem. … Legen Sie Ihre Arme entspannt ab, vielleicht auf den Armlehnen oder auf Ihren Oberschenkeln. … Auch Ihre Beine und Füße finden eine für Sie angenehme Position. … Ihr Rücken und Ihr Kopf sind ebenfalls in einer entspannten Haltung. … Schließen Sie, wenn Sie mögen, die Augen. … Spüren Sie Ihren Atem. … Sie atmen entspannt und in Ihrem Tempo ein und aus.

~ Pause ~

Stellen Sie sich vor, dass Sie am Strand stehen. … Es ist ein angenehm warmer Tag und die Sonne scheint.

~ Pause ~

Unter Ihren Füßen spüren Sie den warmen, weichen Sand. … Ein leichter Wind weht und Sie fühlen, wie er sanft über Ihr Gesicht streift. … Der Wind trägt auch den wunderbar salzigen Duft der Meeresluft zu Ihnen. … Sie nehmen ein paar tiefe Atemzüge und merken, wie gut Ihnen das tut.

~ Pause ~

Lassen Sie Ihren Blick über das weite Meer schweifen. … Sie können bis zum Horizont blicken und sehen in der Ferne ein Segelboot, das langsam über das Wasser gleitet.

~ Pause ~

Das Meer ist türkisblau und ruhig. … Sie hören das gleichmäßige Meeresrauschen. …

Jetzt gehen Sie langsam ein paar Schritte am Strand entlang.

~ Pause ~

Das Wasser bewegt sich in kleinen, seichten Wellen auf den Strand zu und zieht sich dann wieder ein Stück zurück. ... Sie beobachten dieses wunderbare Naturspiel eine Weile.

~ Pause ~

In einer Welle läuft das Wasser etwas weiter auf den Strand ... und umspült Ihre Füße. ... Es ist ein angenehm kühles Gefühl.

~ Pause ~

Ein paar Schritte weiter sehen Sie eine Sandbank mit einer Kolonie Möwen. ... Hören Sie ihre Rufe?

~ Pause ~

Je näher Sie kommen, umso mehr Möwen erheben sich in die Lüfte und fliegen weit raus auf das Meer.

~ Pause ~

Sie setzen sich in den Sand ... und atmen tief ein ... und aus.

~ Pause ~

Sie lassen Ihren Blick noch einmal in aller Ruhe über die Umgebung schweifen. ... Schauen Sie sich den Strand an, ... das Meer, ... den Himmel. ... Gibt es etwas, das Ihnen besonders gefällt?

~ Pause ~

Sie fühlen sich entspannt. Diese wunderbare Entspanntheit nehmen Sie mit und kommen jetzt gedanklich wieder zurück in den Raum, in dem Sie gerade sitzen.

~ Pause ~

Atmen Sie noch einmal tief ein und aus und gähnen Sie, wenn Ihnen danach zumute ist. … Öffnen Sie Ihre Augen, falls Sie sie geschlossen hatten: Sie fühlen sich erfrischt und aktiv.

Machen Sie die folgenden Aktivierungsübungen mit, soweit es Ihnen möglich ist:

- Bewegen Sie jetzt Ihre Finger, als würden diese Klavier spielen.
- Schütteln Sie Ihre Hände aus.
- Machen Sie mit beiden Händen eine lockere Faust, öffnen Sie Ihre Hände und spreizen Sie die Finger.
- Lassen Sie Ihre Schultern locker hängen und kreisen Sie mit beiden Schultern 3-mal vorwärts und 3-mal rückwärts.
- Schütteln Sie erst den rechten Fuß aus und dann den linken.
- Zum Abschluss rekeln und strecken Sie sich, so gut Sie können.

Aktivierung zur Entspannungsgeschichte

Lassen Sie nachspüren …

- Was hat Ihnen in dieser Geschichte am besten gefallen?
- Wonach hat die Meeresluft gerochen?
- Wie hat sich der Sand unter Ihren Füßen angefühlt?
- Was haben Sie alles gesehen?

Lassen Sie erzählen …

- Waren Sie schon einmal am Meer?
- Haben Sie dort einen Strandspaziergang gemacht?
- Welche Farbe hatte das Wasser?
- Wie war das Wetter?

Sinnesanregung

Bringen Sie eine oder mehrere Schalen mit Sand, z. B. Vogelsand, mit und verstecken Sie kleine Gegenstände darin, etwa eine Muschel, einen Stein, ein Plastiktier, einen Flaschendeckel aus Plastik. Aufgabe der Teilnehmer ist es, die Gegenstände mit den Händen im Sand zu ertasten und zu benennen.
Zusätzlich können Sie Ihre Teilnehmer fragen, was sie mit an den Strand nehmen würden und warum.

Der Sonnenaufgang

Diese Geschichte, beginnend mit der Einleitung, sollte Satz für Satz vorgelesen werden. Nach jedem Satz legen Sie eine kurze Pause ein und zählen lautlos langsam bis fünf. Drei Punkte zeigen diese Lesepause an. Längere Pausen sind durch das Wort ~ Pause ~ gekennzeichnet. Hier zählen Sie lautlos langsam bis acht.

Machen Sie es sich auf Ihrer Sitzgelegenheit bequem. … Legen Sie Ihre Arme entspannt ab, vielleicht auf den Armlehnen oder auf Ihren Oberschenkeln. … Auch Ihre Beine und Füße finden eine für Sie angenehme Position. … Ihr Rücken und Ihr Kopf sind ebenfalls in einer entspannten Haltung. … Schließen Sie, wenn Sie mögen, die Augen. … Spüren Sie Ihren Atem. … Sie atmen entspannt und in Ihrem Tempo ein und aus.

~ Pause ~

Stellen Sie sich vor, es ist ganz früh morgens und Sie sind auf einer Insel in der Südsee.

~ Pause ~

Sie sitzen ganz bequem auf einer Decke hoch oben auf einem Berg. … Es ist noch dunkel und schemenhaft sehen Sie die Silhouetten anderer Berge. Am Horizont glitzert schwarz das Meer.

~ Pause ~

Es ist noch sehr kalt. … Sie freuen sich über Ihre warme Kleidung. … Sie spüren die wohlige Wärme Ihrer Mütze … und Ihrer Handschuhe.

~ Pause ~

Sie warten auf den Sonnenaufgang. … Es ist ganz still.

~ Pause ~

Jetzt ist es so weit. … Zuerst sehen Sie einen roten Schein, der sich langsam ausbreitet.

~ Pause ~

Das Rot färbt das Meer ein … und zieht dann langsam von einem Berg zum anderen … bis die ganze Landschaft in diesen herrlich roten Farbton getaucht ist.

~ Pause ~

Dann sehen Sie den Rand der leuchtenden Sonne. … Wie ein glühender Ball taucht sie am Horizont aus dem Meer auf.

~ Pause ~

Die Sonne wird größer und größer. … Als sie höher steigt, wechselt das Rot in ein leuchtendes Orange.

~ Pause ~

Je höher sie steigt, desto heller wird die Sonne. … Immer klarer erkennen Sie die Landschaft um sich herum. … Sie sehen die Konturen der Berge, … erkennen Bäume … und entdecken Palmen.

~ Pause ~

Die Sonnenstrahlen tauchen die Landschaft in goldenes Licht. … Und auch das Meer gewinnt immer mehr an Farbe.

~ Pause ~

Sie werden von diesen wundervollen Sonnenstrahlen erfasst ... und spüren ihre angenehme Energie. ... Sie freuen sich auf diesen wunderbaren Tag, der so herrlich begonnen hat.

~ Pause ~

Sie fühlen sich entspannt. Diese wunderbare Entspanntheit nehmen Sie mit und kommen jetzt gedanklich wieder zurück in den Raum, in dem Sie gerade sitzen.

~ Pause ~

Atmen Sie noch einmal tief ein und aus und gähnen Sie, wenn Ihnen danach zumute ist. ... Öffnen Sie Ihre Augen, falls Sie sie geschlossen hatten: Sie fühlen sich erfrischt und aktiv.

Machen Sie die folgenden Aktivierungsübungen mit, soweit es Ihnen möglich ist:

- Bewegen Sie jetzt Ihre Finger, als würden diese Klavier spielen.
- Schütteln Sie Ihre Hände aus.
- Machen Sie mit beiden Händen eine lockere Faust, öffnen Sie Ihre Hände und spreizen Sie die Finger.
- Lassen Sie Ihre Schultern locker hängen und kreisen Sie mit beiden Schultern 3-mal vorwärts und 3-mal rückwärts.
- Schütteln Sie erst den rechten Fuß aus und dann den linken.
- Zum Abschluss rekeln und strecken Sie sich, so gut Sie können.

Aktivierung zur Entspannungsgeschichte

Lassen Sie nachspüren ...

- Was hat Ihnen in dieser Geschichte am besten gefallen?
- Wie hat die Landschaft um Sie herum ausgesehen?
- Wie haben Sie sich auf dem Berg gefühlt?
- Wie sah das Meer aus?

Lassen Sie erzählen ...

- Haben Sie schon einmal einen besonderen Sonnenaufgang erlebt?
- Wo haben Sie diesen Sonnenaufgang beobachtet?
- Was gefällt Ihnen an Sonnenaufgängen besonders?
- Haben Sie schon einmal einen besonderen Sonnenuntergang erlebt?
- Gefällt Ihnen der Sonnenaufgang oder der Sonnenuntergang besser?

Sinnesanregung

In der Geschichte wird ein Sonnenaufgang beschrieben. Nun bitten Sie die Senioren, reihum einen Sonnenuntergang in den Bergen zu beschreiben.
Regen Sie sie an, Details, wie die Farbe der Sonne, die Umgebung, die Natur und die Berge, zu schildern. Damit die Senioren leichter in ihre Geschichte finden, können Sie ein paar einleitende Sätze vorgeben, z. B. „Stellen Sie sich vor, Sie befinden sich auf dem Rückweg einer Bergwanderung. Es beginnt, zu dämmern ..."

Die Fahrt im Pferdeschlitten

Diese Geschichte, beginnend mit der Einleitung, sollte Satz für Satz vorgelesen werden. Nach jedem Satz legen Sie eine kurze Pause ein und zählen lautlos langsam bis fünf. Drei Punkte zeigen diese Lesepause an. Längere Pausen sind durch das Wort ~ Pause ~ gekennzeichnet. Hier zählen Sie lautlos langsam bis acht.

Machen Sie es sich auf Ihrer Sitzgelegenheit bequem. … Legen Sie Ihre Arme entspannt ab, vielleicht auf den Armlehnen oder auf Ihren Oberschenkeln. … Auch Ihre Beine und Füße finden eine für Sie angenehme Position. … Ihr Rücken und Ihr Kopf sind ebenfalls in einer entspannten Haltung. … Schließen Sie, wenn Sie mögen, die Augen. … Spüren Sie Ihren Atem. … Sie atmen entspannt und in Ihrem Tempo ein und aus.

~ Pause ~

Stellen Sie sich vor, Sie befinden sich im Winterurlaub in Österreich. … Es ist ein sonnig-kalter Wintertag. … Der Himmel ist strahlend blau, … kein einziges Wölkchen ist am Himmel zu erkennen.

~ Pause ~

Warm angezogen mit einer kuscheligen Daunenjacke, ... Lammfellstiefeln, ... Wollhandschuhen, ... einem Schal und einer Mütze ... stehen Sie wartend am Straßenrand.

~ Pause ~

Nicht mehr lange und der Pferdeschlitten kommt, ... denn für heute steht eine Schlittenfahrt auf dem Urlaubsprogramm.

~ Pause ~

Auf einmal hören Sie gedämpfte Huftritte, ... ein leises Schnalzen, vermutlich vom Kutscher, ... und das Schnauben der Pferde. ... Schon hält ein großer Pferdeschlitten vor Ihnen, der von vier rotbraunen Pferden gezogen wird.

~ Pause ~

Der Kutscher schwingt sich von seinem Kutschbock ... und hilft Ihnen beim Einsteigen in den Pferdeschlitten. ... Ehe die Fahrt losgeht, hüllen Sie sich in die bereitgelegten dicken Felle und Decken. ... Sie fühlen sich flauschig und wunderbar warm an.

~ Pause ~

Endlich kann die Fahrt losgehen. ... Der Pferdeschlitten setzt sich in Bewegung und Sie hören, wie die Schlittenkufen leise im Schnee knirschen.

~ Pause ~

Sie genießen die Fahrt in der wunderschön verschneiten Winterlandschaft. ... Kaum ein Laut dringt an Ihr Ohr. ... Herrlich warm eingepackt, spüren Sie die eiskalte, klare Luft in Ihrem Gesicht ... und nehmen ab und an einen warmen Pferdegeruch wahr.

~ Pause ~

Die Bäume und verschneiten Berge sehen aus, als wären sie mit Puderzucker überzogen. … Sie fühlen sich wohl und spüren, wie sich eine angenehme Schwere in Ihnen ausbreitet.

~ Pause ~

Auf einmal bemerken Sie, dass auf dem Boden der Kutsche ein Korb mit einer Thermoskanne und einem Teeglas für Sie bereitsteht. … Sie öffnen die Kanne und gießen sich etwas Tee in das Glas. … Ein aromatischer Duft von Pfefferminze steigt Ihnen in die Nase.

~ Pause ~

Der Tee schmeckt köstlich. … Während Sie der Pferdeschlitten durch die weiße Winterlandschaft fährt, … spüren Sie, wie Sie der Tee von innen wärmt. … Die innere Wärme tut Ihnen gut und durchströmt Ihren ganzen Körper.

~ Pause ~

Ihr Blick fällt auf eine hübsch verzierte Dose auf dem Boden der Kutsche, die Sie zuerst gar nicht bemerkt haben. … Vorsichtig und ganz gespannt, heben Sie die Dose auf und öffnen sie. … In ihrem Inneren befinden sich lauter leckere Köstlichkeiten.

~ Pause ~

Sie nehmen sich die für Sie leckerste Köstlichkeit heraus. … Langsam und genüsslich lassen Sie sie auf der Zunge zergehen.

~ Pause ~

Mit allen Sinnen genießen Sie die Fahrt mit dem Pferdeschlitten.

~ Pause ~

Sie fühlen sich entspannt. Diese wunderbare Entspanntheit nehmen Sie mit und kommen jetzt gedanklich wieder zurück in den Raum, in dem Sie gerade sitzen.

~ Pause ~

Atmen Sie noch einmal tief ein und aus und gähnen Sie, wenn Ihnen danach zumute ist. … Öffnen Sie Ihre Augen, falls Sie sie geschlossen hatten: Sie fühlen sich erfrischt und aktiv.

Machen Sie die folgenden Aktivierungsübungen mit, soweit es Ihnen möglich ist:

- Bewegen Sie jetzt Ihre Finger, als würden diese Klavier spielen.
- Schütteln Sie Ihre Hände aus.
- Machen Sie mit beiden Händen eine lockere Faust, öffnen Sie Ihre Hände und spreizen Sie die Finger.
- Lassen Sie Ihre Schultern locker hängen und kreisen Sie mit beiden Schultern 3-mal vorwärts und 3-mal rückwärts.
- Schütteln Sie erst den rechten Fuß aus und dann den linken.
- Zum Abschluss rekeln und strecken Sie sich, so gut Sie können.

Aktivierung zur Entspannungsgeschichte

Lassen Sie nachspüren …

- Was hat Ihnen in dieser Geschichte am besten gefallen?
- Wie hat die Winterlandschaft ausgesehen?
- Wie haben Sie sich in dem Pferdeschlitten gefühlt?
- Welche süßen Köstlichkeiten befanden sich in der hübsch verzierten Dose?
- Welche Geräusche haben Sie wahrgenommen?

Lassen Sie erzählen …

- Haben Sie schon einmal eine Pferdeschlittenfahrt gemacht?
- Was ist Ihnen Besonderes von der Schlittenfahrt in Erinnerung geblieben?
- Sind Sie schon einmal mit einer Pferdekutsche gefahren?
- Von welchen Pferden wurde sie gezogen?
- Haben Sie schon einmal ein Pferd berührt oder sind Sie früher sogar geritten?

Sinnesanregung

Bringen Sie Schals, Handschuhe oder Mützen aus unterschiedlichen Materialien mit, die die Senioren befühlen. Bitten Sie sie, zu beschreiben, wie sich die Kleidungsstücke anfühlen. Ebenso kann überlegt werden, zu welcher Gelegenheit sie jeweils getragen werden können.

Alternativ können Sie die Teilnehmer bitten, oben genannte Kleidungsstücke mitzubringen. Diese können vor der eigentlichen Übung auf dem Tisch verteilt werden und jeder Teilnehmer soll erraten, welches wem gehört

Freizeitgeschichten

Der Besuch im Zirkus

Diese Geschichte, beginnend mit der Einleitung, sollte Satz für Satz vorgelesen werden. Nach jedem Satz legen Sie eine kurze Pause ein und zählen lautlos langsam bis fünf. Drei Punkte zeigen diese Lesepause an. Längere Pausen sind durch das Wort ~ Pause ~ gekennzeichnet. Hier zählen Sie lautlos langsam bis acht.

Machen Sie es sich auf Ihrer Sitzgelegenheit bequem. … Legen Sie Ihre Arme entspannt ab, vielleicht auf den Armlehnen oder auf Ihren Oberschenkeln. … Auch Ihre Beine und Füße finden eine für Sie angenehme Position. … Ihr Rücken und Ihr Kopf sind ebenfalls in einer entspannten Haltung. … Schließen Sie, wenn Sie mögen, die Augen. … Spüren Sie Ihren Atem. … Sie atmen entspannt und in Ihrem Tempo ein und aus.

~ Pause ~

Stellen Sie sich vor, Sie befinden sich in einem Zirkuszelt. … Sie sitzen auf einem sehr bequemen Stuhl direkt in der ersten Reihe am Rand der Manege.

~ Pause ~

Der Boden ist mit Sand und Sägespänen ausgestreut … und fühlt sich unter Ihren Füßen warm und weich an.

~ Pause ~

Das Licht ist noch gedimmt. … Neugierig schauen Sie sich um. … Sie sehen über dem Eingang der Manege das Zirkusorchester sitzen. … Ihr Blick schweift weiter.

~ Pause ~

Die meisten Plätze sind schon besetzt. … Sie hören viele Menschen lachen und durcheinanderreden. … Es duftet nach Zuckerwatte und Sägespänen.

~ Pause ~

Dann geht das große Licht an. … Alles erstrahlt in bunten Farben. … Es wird ganz ruhig im Zelt. … Das Orchester beginnt, zu spielen.

~ Pause ~

Ein paar lustig gekleidete Clowns kommen in die Manege gelaufen. … Direkt vor Ihnen kommt einer ins Stolpern. … Alle anderen Clowns fallen über ihn. … Sie lachen vor Vergnügen.

~ Pause ~

Dann sehen Sie zwei wunderschöne Pferde, die in die Manege galoppieren. … Auf Ihrem Rücken turnen elegant gekleidete Artisten. … Sie bemerken einen Luftzug, als die Pferde schwungvoll an Ihnen vorbeigaloppieren. … Etwas Sand aus der Manege fliegt hoch und berührt Sie leicht an der Hand. … Sie freuen sich, dass Sie so nah an der Vorstellung sitzen.

~ Pause ~

Als Nächstes kommen Akrobaten in die Manege spaziert. … Sie klettern an einem Seil hinauf zum Trapez. … Die Akrobaten sind in blaue Kostüme gekleidet. … Sie glitzern im Scheinwerferlicht. … Wie Vögel fliegen sie leicht von einem Trapez zum anderen. … Diese Leichtigkeit überträgt sich auch auf Sie.

~ Pause ~

Sie sehen, wie alle Darsteller noch einmal in die Manege laufen, … sich verbeugen und Ihnen glücklich und zufrieden zuwinken.

~ Pause ~

Sie fühlen sich entspannt. Diese wunderbare Entspanntheit nehmen Sie mit und kommen jetzt gedanklich wieder zurück in den Raum, in dem Sie gerade sitzen.

~ Pause ~

Atmen Sie noch einmal tief ein und aus und gähnen Sie, wenn Ihnen danach zumute ist. … Öffnen Sie Ihre Augen, falls Sie sie geschlossen hatten: Sie fühlen sich erfrischt und aktiv.

Machen Sie die folgenden Aktivierungsübungen mit, soweit es Ihnen möglich ist:

- Bewegen Sie jetzt Ihre Finger, als würden diese Klavier spielen.
- Schütteln Sie Ihre Hände aus.
- Machen Sie mit beiden Händen eine lockere Faust, öffnen Sie Ihre Hände und spreizen Sie die Finger.
- Lassen Sie Ihre Schultern locker hängen und kreisen Sie mit beiden Schultern 3-mal vorwärts und 3-mal rückwärts.
- Schütteln Sie erst den rechten Fuß aus und dann den linken.
- Zum Abschluss rekeln und strecken Sie sich, so gut Sie können.

Aktivierung zur Entspannungsgeschichte

Lassen Sie nachspüren ...

- Was hat Ihnen in dieser Geschichte am besten gefallen?
- Wie hat das Zirkuszelt ausgesehen?
- Wie sah das Orchester aus?
- Was für Artisten haben Sie gesehen?

Lassen Sie erzählen ...

- Waren Sie schon einmal im Zirkus?
- Welche Attraktionen gab es?
- Glauben Sie, dass Tiere in einem Zirkus artgerecht gehalten werden können?
- Wie stellen Sie sich das Leben der Zirkusleute vor?

Sinnesanregung

Bringen Sie für jeden Teilnehmer einen Esslöffel und einige Tischtennisbälle oder Walnüsse mit. Legen Sie dem ersten Teilnehmer einen Tischtennisball oder eine Walnuss auf seinen Löffel. Dieser hat die Aufgabe, den Gegenstand an den Nachbarn weiterzugeben, ohne dass er vom Löffel fällt. Die Runde ist beendet, wenn der Gegenstand wieder beim ersten Teilnehmer angekommen ist. Wenn dies gut funktioniert hat, können mehrere Gegenstände gleichzeitig ins Spiel gebracht werden.

Die Schwarzwälder Kirschtorte

Diese Geschichte, beginnend mit der Einleitung, sollte Satz für Satz vorgelesen werden. Nach jedem Satz legen Sie eine kurze Pause ein und zählen lautlos langsam bis fünf. Drei Punkte zeigen diese Lesepause an. Längere Pausen sind durch das Wort ~ Pause ~ gekennzeichnet. Hier zählen Sie lautlos langsam bis acht.

Machen Sie es sich auf Ihrer Sitzgelegenheit bequem. ... Legen Sie Ihre Arme entspannt ab, vielleicht auf den Armlehnen oder auf Ihren Oberschenkeln. ... Auch Ihre Beine und Füße finden eine für Sie angenehme Position. ... Ihr Rücken und Ihr Kopf sind ebenfalls in einer entspannten Haltung. ... Schließen Sie, wenn Sie mögen, die Augen. ... Spüren Sie Ihren Atem. ... Sie atmen entspannt und in Ihrem Tempo ein und aus.

~ Pause ~

Stellen Sie sich vor, Sie backen für ein Familienfest einen Kuchen. ... Da Sie gern backen, freuen Sie sich darauf ... und gehen in Gedanken Ihre Backrezepte durch ... Käse-Sahne-Torte, ... Marmorkuchen, ... Frankfurter Kranz. ... Die Entscheidung fällt Ihnen schwer.

~ Pause ~

Nach längerem Überlegen entscheiden Sie sich für eine Schwarzwälder Kirschtorte. ... Allein bei dem Gedanken daran läuft Ihnen bereits das Wasser im Mund zusammen.

~ Pause ~

Für die Biskuitböden stellen Sie sich die Zutaten zurecht: ... Mehl ... Zucker ... Vanillezucker ... Eier ... Kakao – und bereiten die Backform vor.

~ Pause ~

Mit dem Handrührgerät stellen Sie einen hellen, luftig-schaumigen Teig her, ... füllen diesen in die Form ... und schieben sie in den Backofen. ... Einige Zeit später können Sie den ersten Biskuitboden aus dem Ofen nehmen. ... Er verbreitet einen leckeren Duft in der ganzen Küche.

~ Pause ~

Unter den zweiten Teig, den Sie in der Zwischenzeit angerührt haben, heben Sie mit dem Schneebesen noch Kakao, ... denn es soll ein Schokoladenboden werden. ... Der Kakao duftet süß und schokoladig. ... Mit Genuss schlecken Sie, wie in Kindertagen, den Schneebesen ab. ... Sie können bereits den Duft des zweiten Biskuitbodens, der im Ofen backt, wahrnehmen.

~ Pause ~

Während beide Biskuitböden abkühlen, ... lassen Sie die Schattenmorellen in einem Sieb abtropfen, ... fangen den Saft in einer kleinen Schüssel auf ... und kochen einen Guss daraus. ... Selbstverständlich darf ein Schuss Kirschwasser darin nicht fehlen.

~ Pause ~

Während Sie die Kirschen mit dem Guss vermengen, ... steigt Ihnen dabei ein zarter Kirschwasserduft in die Nase.

~ Pause ~

Nachdem die Biskuitböden und der Kirschguss abgekühlt sind, ... verteilen Sie die Kirschmasse auf dem dunklen Boden.

~ Pause ~

Jetzt schlagen Sie mit dem Handrührgerät frische Sahne steif ... und lassen den Vanillezucker einrieseln. ... Dabei spritzt Ihnen etwas Sahne auf die Nasenspitze.

~ Pause ~

Routiniert streichen Sie die geschlagene Sahne auf die Kirschen, ... setzen den hellen Biskuitboden darauf ... und bestreichen die Torte rundherum mit Sahne. ... Anschließend füllen Sie die restliche Sahne in einen Spritzbeutel, ... verzieren die Torte mit Sahnetupfen ... und dekorieren sie mit dunkelroten Kirschen.

~ Pause ~

Zum Abschluss reiben Sie mit einer feinen Raspel dunkle Schokolade über den Kuchen. ... Wie kleine Schneeflocken fallen die feinen Raspelstücke auf die weiße Sahne.

~ Pause ~

Zufrieden und stolz betrachten Sie Ihre fertige Schwarzwälder Kirschtorte.

~ Pause ~

Sie stellen sich vor, wie die Torte wohl schmecken wird. ... Der zarte Biskuit, ... die süße Sahne, ... die fruchtigen Schattenmorellen mit dem leichten Hauch von Kirschwasser ... und die dunkle Schokolade.

~ Pause ~

Sie fühlen sich entspannt. Diese wunderbare Entspanntheit nehmen Sie mit und kommen jetzt gedanklich wieder zurück in den Raum, in dem Sie gerade sitzen.

~ Pause ~

Atmen Sie noch einmal tief ein und aus und gähnen Sie, wenn Ihnen danach zumute ist. ... Öffnen Sie Ihre Augen, falls Sie sie geschlossen hatten: Sie fühlen sich erfrischt und aktiv.

Machen Sie die folgenden Aktivierungsübungen mit, soweit es Ihnen möglich ist:

- Bewegen Sie jetzt Ihre Finger, als würden diese Klavier spielen.
- Schütteln Sie Ihre Hände aus.
- Machen Sie mit beiden Händen eine lockere Faust, öffnen Sie Ihre Hände und spreizen Sie die Finger.
- Lassen Sie Ihre Schultern locker hängen und kreisen Sie mit beiden Schultern 3-mal vorwärts und 3-mal rückwärts.
- Schütteln Sie erst den rechten Fuß aus und dann den linken.
- Zum Abschluss rekeln und strecken Sie sich, so gut Sie können.

Aktivierung zur Entspannungsgeschichte

Lassen Sie nachspüren …

- Was hat Ihnen in dieser Geschichte am besten gefallen?
- Welcher Duft hat sich in der Küche verbreitet?
- Wie hat sich die Sahne auf Ihrer Nasenspitze angefühlt?

Lassen Sie erzählen …

- Zu welchen Anlässen haben Sie Kuchen oder Torten gebacken?
- Haben Sie Rezepte, die von Generation zu Generation weitergegeben wurden?
- Was macht diese Rezepte so besonders?
- Haben Sie einen Lieblingskuchen oder eine Lieblingstorte?
- Gibt es einen Kuchen oder eine Torte, die Sie überhaupt nicht mögen?
- Haben Sie schon einmal an einem Backwettbewerb teilgenommen?

Sinnesanregung

Bringen Sie unterschiedliche Gebäcksorten mit. Die Teilnehmer sollen beschreiben, wie die einzelnen Gebäcke duften und schmecken. Können auch eventuelle Gewürze gerochen oder herausgeschmeckt werden?

ACHTUNG! Klären Sie im Vorfeld unbedingt ab, ob bei den Teilnehmern Unverträglichkeiten oder Allergien auf Lebensmittel vorliegen.

Ein Spaziergang im Regen

Diese Geschichte, beginnend mit der Einleitung, sollte Satz für Satz vorgelesen werden. Nach jedem Satz legen Sie eine kurze Pause ein und zählen lautlos langsam bis fünf. Drei Punkte zeigen diese Lesepause an. Längere Pausen sind durch das Wort ~ Pause ~ gekennzeichnet. Hier zählen Sie lautlos langsam bis acht.

Machen Sie es sich auf Ihrer Sitzgelegenheit bequem. ... Legen Sie Ihre Arme entspannt ab, vielleicht auf den Armlehnen oder auf Ihren Oberschenkeln. ... Auch Ihre Beine und Füße finden eine für Sie angenehme Position. ... Ihr Rücken und Ihr Kopf sind ebenfalls in einer entspannten Haltung. ... Schließen Sie, wenn Sie mögen, die Augen. ... Spüren Sie Ihren Atem. ... Sie atmen entspannt und in Ihrem Tempo ein und aus.

~ Pause ~

Es ist ein herrlich warmer Sommertag. ... Sie gehen einen Feldweg am Waldrand entlang. ... Ein leichter Sommerwind weht sanft. ... Sie fühlen sich glücklich und entspannt.

~ Pause ~

Am Himmel sehen Sie, wie sich die Sonne langsam hinter dicken Regenwolken versteckt. ... Es ist ganz still.

~ Pause ~

Dann fällt der erste Regentropfen. ... Der nächste trifft Sie sanft auf der Nase. ... Es kitzelt, als er langsam auf Ihre Nasenspitze hinunterrollt.

~ Pause ~

Immer mehr Regentropfen fallen vom Himmel. ... Ein lauwarmer Sommerregen setzt ein. ... Es ist ein herrliches Gefühl, diesen warmen Regen auf der Haut zu spüren.

~ Pause ~

Sie bleiben stehen und atmen die angenehm kühle Luft ein. ... Alles riecht so frisch und sauber.

~ Pause ~

Durch den warmen, lauen Sommerregen bilden sich viele kleine Pfützen auf dem Feldweg. ... Sie sehen, wie die Regentropfen in die Pfützen fallen und kurz wieder hochspringen. ... Es entstehen viele kreisförmige Wellen. ... Auf den Pfützen bilden sich malerische kleine Blasen. ... Es ist ein herrliches Schauspiel.

~ Pause ~

Sie hören das leise Rauschen des Sommerregens, ... wie die Tropfen auf den Boden fallen, ... den Klang, wenn sie auf das Blätterdach des Waldes treffen.

~ Pause ~

Dann hört es auf, zu regnen. ... Die Sonne kommt mit ihrer ganzen Intensität hinter den Wolken hervor. ... Alles erstrahlt im neuen Glanz.

~ Pause ~

Langsam gehen Sie weiter. ... Sie kommen an einer Wiese vorbei. ... Sie leuchtet in einem herrlichen Grün. ... Sie können kleine Regentropfen auf den Grashalmen sehen. ... Es riecht nach frisch geschnittenem Gras.

~ Pause ~

Vereinzelt stehen am Wegesrand bunte Blumen. ... Einige sehen wie frisch erblüht aus.

~ Pause ~

Jetzt erblicken Sie einen wunderschönen Regenbogen. ... Er ist so nah, dass Sie ihn fast berühren könnten. ... Welche Farbe gefällt Ihnen am besten?

~ Pause ~

Sie fühlen sich entspannt. Diese wunderbare Entspanntheit nehmen Sie mit und kommen jetzt gedanklich wieder zurück in den Raum, in dem Sie gerade sitzen.

~ Pause ~

Atmen Sie noch einmal tief ein und aus und gähnen Sie, wenn Ihnen danach zumute ist. ... Öffnen Sie Ihre Augen, falls Sie sie geschlossen hatten: Sie fühlen sich erfrischt und aktiv.

Machen Sie die folgenden Aktivierungsübungen mit, soweit es Ihnen möglich ist:

- Bewegen Sie jetzt Ihre Finger, als würden diese Klavier spielen.
- Schütteln Sie Ihre Hände aus.
- Machen Sie mit beiden Händen eine lockere Faust, öffnen Sie Ihre Hände und spreizen Sie die Finger.
- Lassen Sie Ihre Schultern locker hängen und kreisen Sie mit beiden Schultern 3-mal vorwärts und 3-mal rückwärts.
- Schütteln Sie erst den rechten Fuß aus und dann den linken.
- Zum Abschluss rekeln und strecken Sie sich, so gut Sie können.

Aktivierung zur Entspannungsgeschichte

Lassen Sie nachspüren …

- Was hat Ihnen in dieser Geschichte am besten gefallen?
- Welche Blumen haben Sie am Wegesrand gesehen?
- Konnten Sie einen Duft wahrnehmen?
- Wie sah Ihr Regenbogen aus?

Lassen Sie erzählen …

- Gehen Sie gern im Regen spazieren?
- Was macht einen Spaziergang im Regen für Sie so besonders?
- Sind Sie schon einmal von einem Regenschauer überrascht worden? Wie war das?
- Welchen Geruch hat Regen?
- Wie fühlt sich Regen an?

Sinnesanregung

Die Teilnehmer überlegen, welche Lieder es zum Thema „Regen“ gibt, z. B. „Es regnet, es regnet“, „Es fängt an, zu tröpfeln“, „Hör doch auf, zu regnen“, „Regentropfen“ (Comedian Harmonists). Anschließend können Sie die Lieder gemeinsam singen.

Der Nachmittag im Liegestuhl

Diese Geschichte, beginnend mit der Einleitung, sollte Satz für Satz vorgelesen werden. Nach jedem Satz legen Sie eine kurze Pause ein und zählen lautlos langsam bis fünf. Drei Punkte zeigen diese Lesepause an. Längere Pausen sind durch das Wort ~ Pause ~ gekennzeichnet. Hier zählen Sie lautlos langsam bis acht.

Machen Sie es sich auf Ihrer Sitzgelegenheit bequem. ... Legen Sie Ihre Arme entspannt ab, vielleicht auf den Armlehnen oder auf Ihren Oberschenkeln. ... Auch Ihre Beine und Füße finden eine für Sie angenehme Position. ... Ihr Rücken und Ihr Kopf sind ebenfalls in einer entspannten Haltung. ... Schließen Sie, wenn Sie mögen, die Augen. ... Spüren Sie Ihren Atem. ... Sie atmen entspannt und in Ihrem Tempo ein und aus.

~ Pause ~

Sie stehen auf einer saftigen, grünen Wiese. ... Unter Ihren Füßen spüren Sie die kräftigen Gräser. ... Es fühlt sich an, als ob Sie auf einem weichen und flauschigen Teppich stehen.

~ Pause ~

Sie schauen sich um und sehen Bäume, ... Sträucher, ... Blumen ... und etwas weiter entfernt entdecken Sie einen Liegestuhl.

~ Pause ~

Langsam gehen Sie auf den Liegestuhl zu. ... Sie setzen sich hin. ... Der Liegestuhl fühlt sich weich und warm an. ... Sie bemerken, dass seine Rückenlehne ein wenig nach hinten gestellt ist, damit Sie bequemer sitzen.

~ Pause ~

Sie genießen das Gefühl, einfach nur zu sitzen und nichts tun zu müssen.

~ Pause ~

Ein Stück entfernt sehen Sie einige Bäume. … Ihre Blätter bewegen sich leicht im Wind. … Dann wandert Ihr Blick zum Himmel.

~ Pause ~

Kleine Schäfchenwolken ziehen gemächlich am Himmel vorüber. … Schauen Sie, ob Sie in den Wolken etwas erkennen können.

~ Pause ~

Jetzt hören Sie das leise Summen und Brummen von Hummeln und Bienen. … Zu welchen Blüten sie wohl fliegen?

~ Pause ~

Der Duft von Pfefferminze steigt Ihnen in die Nase. … In der Nähe muss ein Kräuterbeet sein. … Welche Kräuter dort wohl noch wachsen?

~ Pause ~

Langsam erheben Sie sich aus dem bequemen Liegestuhl. … Diesen Platz werden Sie sich merken.

~ Pause ~

Sie gehen über die Wiese und drehen sich noch einmal zu dem Liegestuhl um.

~ Pause ~

Es war sehr angenehm, dort einfach nur zu sitzen.

~ Pause ~

Sie sehen, wie sich ein zitronengelber Schmetterling auf der Sitzfläche niederlässt.

~ Pause ~

Sie fühlen sich entspannt. Diese wunderbare Entspanntheit nehmen Sie mit und kommen jetzt gedanklich wieder zurück in den Raum, in dem Sie gerade sitzen.

~ Pause ~

Atmen Sie noch einmal tief ein und aus und gähnen Sie, wenn Ihnen danach zumute ist. … Öffnen Sie Ihre Augen, falls Sie sie geschlossen hatten: Sie fühlen sich erfrischt und aktiv.

Machen Sie die folgenden Aktivierungsübungen mit, soweit es Ihnen möglich ist:

- Bewegen Sie jetzt Ihre Finger, als würden diese Klavier spielen.
- Schütteln Sie Ihre Hände aus.
- Machen Sie mit beiden Händen eine lockere Faust, öffnen Sie Ihre Hände und spreizen Sie die Finger.
- Lassen Sie Ihre Schultern locker hängen und kreisen Sie mit beiden Schultern 3-mal vorwärts und 3-mal rückwärts.
- Schütteln Sie erst den rechten Fuß aus und dann den linken.
- Zum Abschluss rekeln und strecken Sie sich, so gut Sie können.

Aktivierung zur Entspannungsgeschichte

Lassen Sie nachspüren ...

- Was hat Ihnen in dieser Geschichte am besten gefallen?
- Wie sah der Liegestuhl aus?
- Welche Bäume haben Sie gesehen?
- Wie groß war die Wiese, auf der Sie gelegen haben?
- Was haben Sie außer der Wiese noch gesehen?

Lassen Sie erzählen ...

- Wo haben Sie schon einmal in einem Liegestuhl gelegen?
- Zu welcher Gelegenheit legen Sie sich in einen Liegestuhl?
- Wie fühlen Sie sich, wenn Sie in einem Liegestuhl liegen?
- Was machen Sie, wenn Sie in einem Liegestuhl liegen?
- Lieben Sie es, auf einer Wiese liegend, die Natur zu betrachten?

Sinnesanregung

Bereiten Sie kleine Dosen oder Gläser mit klein geschnittenen, frischen Kräutern vor, in denen die Kräuter nicht mehr zu erkennen sind.
Reihum finden die Teilnehmer durch Riechen heraus, um welche Kräuter es sich handelt. Anschließend kann gemeinsam überlegt werden, wo diese Kräuter Verwendung finden.

Der Spaziergang am Seeufer

Diese Geschichte, beginnend mit der Einleitung, sollte Satz für Satz vorgelesen werden. Nach jedem Satz legen Sie eine kurze Pause ein und zählen lautlos langsam bis fünf. Drei Punkte zeigen diese Lesepause an. Längere Pausen sind durch das Wort ~ Pause ~ gekennzeichnet. Hier zählen Sie lautlos langsam bis acht.

Machen Sie es sich auf Ihrer Sitzgelegenheit bequem. ... Legen Sie Ihre Arme entspannt ab, vielleicht auf den Armlehnen oder auf Ihren Oberschenkeln. ... Auch Ihre Beine und Füße finden eine für Sie angenehme Position. ... Ihr Rücken und Ihr Kopf sind ebenfalls in einer entspannten Haltung. ... Schließen Sie, wenn Sie mögen, die Augen. ... Spüren Sie Ihren Atem. ... Sie atmen entspannt und in Ihrem Tempo ein und aus.

~ Pause ~

Es ist noch früh am Morgen, als Sie beschließen, einen kleinen Spaziergang zum nahe gelegenen Seeufer zu machen. ... Sie ziehen bequeme Schuhe an und eine leichte Jacke.

~ Pause ~

Die Morgenluft riecht rein und klar. ... Sie atmen ein paar Mal tief ein und aus.

~ Pause ~

Am Himmel ziehen vereinzelt kleine Schäfchenwolken vorbei. ... Um Sie herum herrscht eine wohltuende Stille.

~ Pause ~

Langsam und in einem herrlichen orangeroten Farbton steigt die Sonne am Horizont immer höher. ... Nach kurzer Zeit zeigt sie sich in ihrer ganzen Pracht.

~ Pause ~

Sie haben nun das Seeufer erreicht. ... Spiegelglatt und ruhig liegt der See vor

Ihnen. ... Ein Angler sitzt bereits am Ufer. ... Was er wohl fangen wird? ... Sie grüßen ihn kurz und gehen dann weiter.

~ Pause ~

Allmählich erwacht die Natur um Sie herum. ... Sie nehmen erstes Vogelgezwitscher wahr ... und ein leises Gurren von Tauben.

~ Pause ~

Eine Entenfamilie kommt auf dem Wasser vorbeigeschwommen. ... Die Entenküken folgen ihren Eltern und haben dabei Mühe, nachzukommen. ... Jetzt können Sie auch ihr Geschnatter hören.

~ Pause ~

Auch einen wunderschönen, weißen Schwan sehen Sie. Er schwimmt etwas weiter von Ihnen entfernt auf dem See. ... Majestätisch und stolz gleitet er über das Wasser.

~ Pause ~

Am Seeufer stehen einige Weiden und Erlen. ... Im Gras leuchten Sumpfdotterblumen. ... Ihre auffallend gelben, sternförmigen Blüten sehen wunderschön aus. ... Einige Bienen sind fleißig dabei, Nektar zu sammeln.

~ Pause ~

In der Ferne hören Sie eine Kirchturmuhr läuten, ... leise Motorengeräusche ... und Kinderlachen. ... Die Kinder sind vermutlich auf dem Schulweg.

~ Pause ~

Ehe Sie sich langsam auf den Nachhauseweg begeben, lassen Sie noch einmal Ihren Blick über den See schweifen. … Alles sieht so friedlich und ruhig aus.

~ Pause ~

Sie spüren, wie sich eine große Ruhe in Ihnen ausbreitet, … eine Ruhe, die Sie auf Ihrem Weg nach Hause begleitet.

~ Pause ~

Sie fühlen sich entspannt. Diese wunderbare Entspanntheit nehmen Sie mit und kommen jetzt gedanklich wieder zurück in den Raum, in dem Sie gerade sitzen.

~ Pause ~

Atmen Sie noch einmal tief ein und aus und gähnen Sie, wenn Ihnen danach zumute ist. … Öffnen Sie Ihre Augen, falls Sie sie geschlossen hatten: Sie fühlen sich erfrischt und aktiv.

Machen Sie die folgenden Aktivierungsübungen mit, soweit es Ihnen möglich ist:

- Bewegen Sie jetzt Ihre Finger, als würden diese Klavier spielen.
- Schütteln Sie Ihre Hände aus.
- Machen Sie mit beiden Händen eine lockere Faust, öffnen Sie Ihre Hände und spreizen Sie die Finger.
- Lassen Sie Ihre Schultern locker hängen und kreisen Sie mit beiden Schultern 3-mal vorwärts und 3-mal rückwärts.
- Schütteln Sie erst den rechten Fuß aus und dann den linken.
- Zum Abschluss rekeln und strecken Sie sich, so gut Sie können.

Aktivierung zur Entspannungsgeschichte

Lassen Sie nachspüren …

- Was hat Ihnen in dieser Geschichte am besten gefallen?
- Wie haben Sie die Stille wahrgenommen?
- Welche Vögel haben Sie zwitschern gehört?
- Wie sah die Entenfamilie aus?

Lassen Sie erzählen …

- Was kann man an einem Seeufer beobachten und erleben?
- Waren Sie schon einmal zum Angeln an einem See?
- Welche Geräusche kann man an einem Seeufer hören?
- Schwimmen Sie gern in einem See?

Sinnesanregung

Bringen Sie vier verschiedene Getränke mit, z. B. Apfelsäfte (30 % Fruchtgehalt, 50 % Fruchtgehalt, 100 % Fruchtgehalt sowie ein Markenprodukt).
Jeder Teilnehmer bekommt ein Probiergläschen. Lassen Sie die Senioren jede Sorte probieren und den Geschmack beschreiben. Am Ende jeder Runde sollen die Senioren sich festlegen, um welchen Apfelsaft es sich in der jeweiligen Runde gehandelt hat. Alternativ können auch verschiedene Mineralwassersorten oder Obstsäfte verwendet werden.

ACHTUNG! Klären Sie vorher mögliche Unverträglichkeiten oder Allergien bei den Teilnehmern ab.

Ein Bummel durch die Stadt

Diese Geschichte, beginnend mit der Einleitung, sollte Satz für Satz vorgelesen werden. Nach jedem Satz legen Sie eine kurze Pause ein und zählen lautlos langsam bis fünf. Drei Punkte zeigen diese Lesepause an. Längere Pausen sind durch das Wort ~ Pause ~ gekennzeichnet. Hier zählen Sie lautlos langsam bis acht.

Machen Sie es sich auf Ihrer Sitzgelegenheit bequem. ... Legen Sie Ihre Arme entspannt ab, vielleicht auf den Armlehnen oder auf Ihren Oberschenkeln. ... Auch Ihre Beine und Füße finden eine für Sie angenehme Position. ... Ihr Rücken und Ihr Kopf sind ebenfalls in einer entspannten Haltung. ... Schließen Sie, wenn Sie mögen, die Augen. ... Spüren Sie Ihren Atem. ... Sie atmen entspannt und in Ihrem Tempo ein und aus.

~ Pause ~

Es ist ein sonniger Augusttag. ... In Ihrer Fantasie befinden Sie sich in einer kleinen Stadt mit vielen Fachwerkhäusern. ... Ein Fluss führt dort vorbei und Sie hören das Rauschen des Wassers.

~ Pause ~

Überall stehen blühende Sträucher und an den Balkonen und Fenstern hängen wunderschöne, farbenfroh bepflanzte Blumenkästen. ... Die Blüten verbreiten einen angenehmen Duft.

~ Pause ~

Die Sonne scheint, wohltuend wärmend, auf Sie herab ... und ein warmer Lufthauch streift sanft über Ihr Gesicht. ... Er fühlt sich wohlig an.

~ Pause ~

Auf einem der Häuserdächer entdecken Sie ein Storchennest. ... Ein Storch kommt gerade angeflogen und lässt sich auf dem Nest nieder.

~ Pause ~

Sie schlendern gemächlich durch schmale Gassen und bewundern dabei die Einzigartigkeit der alten Fachwerkhäuser. … Einige sehen etwas windschief aus.

~ Pause ~

Der Weg führt Sie zu einem Marktplatz, … in der Mitte des Platzes steht ein alter Brunnen. … Kinder spielen am Wasser. … Sie hören, wie die Kinder vor Freude jauchzen.

~ Pause ~

Sie nehmen das leise Gemurmel der umstehenden Menschen wahr, … hören das Plätschern des Wassers. … Ab und zu grüßt Sie ein vorbeigehender Passant und lächelt Sie freundlich an.

~ Pause ~

Die Schaufenster der kleinen Geschäfte sind liebevoll dekoriert. … Sie laden Sie dazu ein, ihre Auslagen zu betrachten. … Eine alte Spieluhr erweckt Ihre Aufmerksamkeit.

~ Pause ~

Gemächlich laufen Sie weiter über den Marktplatz und kommen nun an ein altes Stadttor. … In der Ferne hören Sie eine Kirchturmuhr schlagen.

~ Pause ~

Sie kommen an einem kleinen Café vorbei. … Der Duft von frisch gemahlenem Kaffee steigt Ihnen in die Nase. … Sie beschließen, eine Tasse Kaffee und ein Stückchen Erdbeerkuchen zu sich zu nehmen. … Der Erdbeerkuchen mit der kühlen Sahne schmeckt herrlich erfrischend.

~ Pause ~

Nach einiger Zeit setzen Sie Ihren Stadtbummel fort, … genießen die Sonne und das bunte und dennoch ruhige Treiben, das Sie umgibt.

~ Pause ~

Sie fühlen sich entspannt. Diese wunderbare Entspanntheit nehmen Sie mit und kommen jetzt gedanklich wieder zurück in den Raum, in dem Sie gerade sitzen.

~ Pause ~

Atmen Sie noch einmal tief ein und aus und gähnen Sie, wenn Ihnen danach zumute ist. … Öffnen Sie Ihre Augen, falls Sie sie geschlossen hatten: Sie fühlen sich erfrischt und aktiv.

Machen Sie die folgenden Aktivierungsübungen mit, soweit es Ihnen möglich ist:

- Bewegen Sie jetzt Ihre Finger, als würden diese Klavier spielen.
- Schütteln Sie Ihre Hände aus.
- Machen Sie mit beiden Händen eine lockere Faust, öffnen Sie Ihre Hände und spreizen Sie die Finger.
- Lassen Sie Ihre Schultern locker hängen und kreisen Sie mit beiden Schultern 3-mal vorwärts und 3-mal rückwärts.
- Schütteln Sie erst den rechten Fuß aus und dann den linken.
- Zum Abschluss rekeln und strecken Sie sich, so gut Sie können.

Aktivierung zur Entspannungsgeschichte

Lassen Sie nachspüren …

- Was hat Ihnen in dieser Geschichte am besten gefallen?
- Womit waren die Blumenkästen bepflanzt?
- Was haben Sie in den Schaufenstern für Dekorationen gesehen?
- Wie sah die Spieluhr aus?
- Wie sah das Stadttor aus?

Lassen Sie erzählen …

- Machen Sie gern einen Stadtbummel?
- Haben Sie auch schon einmal an einer Stadtführung teilgenommen? Wo war das?
- Welche Städte kennen Sie, die für ihre Fachwerkbauten bekannt sind?
- Gehen Sie gern auf den Wochenmarkt?

Sinnesanregung

Legen Sie Fotos von typischen Motiven bekannter Städte auf dem Tisch oder Boden für alle Teilnehmer gut sichtbar aus.

Die Senioren überlegen, um welche Stadt es sich jeweils handelt und welche Sehenswürdigkeiten man dort besichtigen kann.

Jahreszeiten

Frühling Frühlingserwachen

Diese Geschichte, beginnend mit der Einleitung, sollte Satz für Satz vorgelesen werden. Nach jedem Satz legen Sie eine kurze Pause ein und zählen lautlos langsam bis fünf. Drei Punkte zeigen diese Lesepause an. Längere Pausen sind durch das Wort ~ Pause ~ gekennzeichnet. Hier zählen Sie lautlos langsam bis acht.

Machen Sie es sich auf Ihrer Sitzgelegenheit bequem. ... Legen Sie Ihre Arme entspannt ab, vielleicht auf den Armlehnen oder auf Ihren Oberschenkeln. ... Auch Ihre Beine und Füße finden eine für Sie angenehme Position. ... Ihr Rücken und Ihr Kopf sind ebenfalls in einer entspannten Haltung. ... Schließen Sie, wenn Sie mögen, die Augen. ... Spüren Sie Ihren Atem. ... Sie atmen entspannt und in Ihrem Tempo ein und aus.

~ Pause ~

Es ist ein schöner Frühlingstag. ... Sie stehen am Fenster und schauen in den Garten.

~ Pause ~

Die Sonne scheint. ... Durch die Fensterscheibe nehmen Sie die wohlige Wärme der Frühlingssonne auf Ihrer Haut wahr.

~ Pause ~

In diesem Frühjahr sind die Temperaturen überraschend mild und die Natur hat sich in den letzten Wochen förmlich überschlagen.

~ Pause ~

Sie sehen eine Wiese, auf der ein Meer von Krokussen blüht. ... Es gibt sie in sämtlichen Farben: ... schneeweiße, ... blaue, ... gelbe, ... rosafarbene ... und sogar lila-weiß gestreifte Krokusse. ... Sie haben eine enorme Leuchtkraft. ... In welcher Farbe gefallen Ihnen die Krokusse am besten?

~ Pause ~

Ihr Blick schweift weiter. ... Sie entdecken ein Beet mit Narzissen. ... Ihre großen, gelben Blüten strahlen. ... Ihre Köpfe nicken leicht in einem sanften Windstoß.

~ Pause ~

Es gibt aber auch Narzissen mit kleineren Blüten, die weißlich blühen ... und sogar einige, die orangefarben blühen. ... Sie erfreuen sich an diesem wunderbaren Anblick.

~ Pause ~

Ein quirliges, rotbraunes Eichhörnchen erweckt Ihre Aufmerksamkeit. ... Sein buschiger Schwanz sieht weich aus. ... Schnell springt es durch den Garten auf einen großen Baum zu. ... Es ist ein geschickter Kletterer. ... Sie sehen, wie es von Ast zu Ast springt, ... im Nu ist es aus Ihrem Blickfeld verschwunden.

~ Pause ~

Ihr Blick verweilt auf dem Baum. ... Sie entdecken, dass in einem ganz hellen Grün die ersten kleinen Blätter austreiben. ... Sie sehen weich und zart aus. ... Wie sie sich wohl anfühlen?

~ Pause ~

Etwas entfernt stehen mehrere Zierkirschen in voller Pracht. ... Sie sehen imposant aus ... und tragen Hunderte von Blüten, ... weiße und rosafarbene. ... In diesem Jahr blühen

sie besonders schön und üppig. ... Es ist wie jedes Jahr ein großes Vergnügen, die Natur erwachen zu sehen.

~ Pause ~

Sie fühlen sich entspannt. Diese wunderbare Entspanntheit nehmen Sie mit und kommen jetzt gedanklich wieder zurück in den Raum, in dem Sie gerade sitzen.

~ Pause ~

Atmen Sie noch einmal tief ein und aus und gähnen Sie, wenn Ihnen danach zumute ist. ... Öffnen Sie Ihre Augen, falls Sie sie geschlossen hatten: Sie fühlen sich erfrischt und aktiv.

Machen Sie die folgenden Aktivierungsübungen mit, soweit es Ihnen möglich ist:

- Bewegen Sie jetzt Ihre Finger, als würden diese Klavier spielen.
- Schütteln Sie Ihre Hände aus.
- Machen Sie mit beiden Händen eine lockere Faust, öffnen Sie Ihre Hände und spreizen Sie die Finger.
- Lassen Sie Ihre Schultern locker hängen und kreisen Sie mit beiden Schultern 3-mal vorwärts und 3-mal rückwärts.
- Schütteln Sie erst den rechten Fuß aus und dann den linken.
- Zum Abschluss rekeln und strecken Sie sich, so gut Sie können.

Aktivierung zur Entspannungsgeschichte

Lassen Sie nachspüren …

- Was hat Ihnen in dieser Geschichte am besten gefallen?
- Wie hat der Baum ausgesehen, in den das Eichhörnchen huschte?
- Wie sah die Wiese aus: Waren die verschiedenfarbigen Krokusse durcheinander oder nach Farben angeordnet?
- Was haben Sie noch im Garten gesehen?

Lassen Sie erzählen …

- Welche ist Ihre liebste Jahreszeit? Warum?
- Wie empfinden Sie den Frühling?
- Welche Blumen blühen im Frühling in Ihrem Vorgarten?
- Ist der traditionelle Frühjahrsputz heute noch zeitgemäß? Was glauben Sie?

Sinnesanregung

Bringen Sie maximal vier unterschiedliche ätherische Öle zum Riechen mit. Legen Sie einen Wattebausch in eine Schale und tröpfeln Sie ein bis zwei Tropfen eines Öls darauf. Lassen Sie die Schale reihum gehen und bitten Sie Ihre Teilnehmer, daran zu riechen, um den Duft zu erkennen. Bitten Sie die Senioren, ihre Lösung erst zu nennen, wenn alle die Möglichkeit hatten, an dem Wattebausch zu riechen.
Fragen Sie die Senioren: Können die einzelnen Düfte mit verschiedenen Begebenheiten oder Situationen in Verbindung gebracht werden?

ACHTUNG! Klären Sie vorher mögliche Allergien der Senioren gegen die ätherischen Öle ab.

Sommer Sommer, Sonne, Meer

Diese Geschichte, beginnend mit der Einleitung, sollte Satz für Satz vorgelesen werden. Nach jedem Satz legen Sie eine kurze Pause ein und zählen lautlos langsam bis fünf. Drei Punkte zeigen diese Lesepause an. Längere Pausen sind durch das Wort ~ Pause ~ gekennzeichnet. Hier zählen Sie lautlos langsam bis acht.

Machen Sie es sich auf Ihrer Sitzgelegenheit bequem. ... Legen Sie Ihre Arme entspannt ab, vielleicht auf den Armlehnen oder auf Ihren Oberschenkeln. ... Auch Ihre Beine und Füße finden eine für Sie angenehme Position. ... Ihr Rücken und Ihr Kopf sind ebenfalls in einer entspannten Haltung. ... Schließen Sie, wenn Sie mögen, die Augen. ... Spüren Sie Ihren Atem. ... Sie atmen entspannt und in Ihrem Tempo ein und aus.

~ Pause ~

Stellen Sie sich vor, es ist ein wunderschöner, warmer Sommertag und Sie befinden sich am Meer. ... Sie spüren die wärmenden Sonnenstrahlen auf Ihrem Körper. ... vom Kopf bis zu den Füßen empfinden Sie eine wohltuende Wärme.

~ Pause ~

Sie setzen sich in den sonnenwarmen Sand. ... Er fühlt sich angenehm weich an. ... In Ihre Hände nehmen Sie etwas Sand ... und lassen ihn durch Ihre Finger rieseln. ... Sie schauen auf das blau schimmernde Meer. ... Es liegt spiegelglatt und ruhig vor Ihnen.

~ Pause ~

Sie nehmen den Geruch des Meeres wahr, ... hören sein sanftes Rauschen, ... schmecken sogar etwas Salz auf Ihren Lippen.

~ Pause ~

Sie schauen nach oben. ... Der Himmel ist strahlend blau, ... einige Vögel ziehen lautlos vorüber.

~ Pause ~

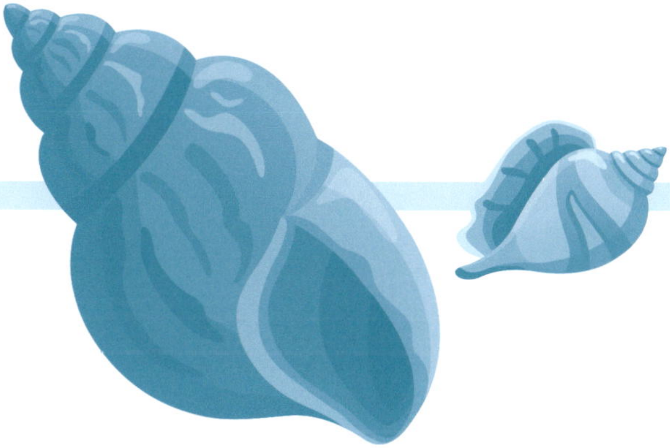

Sie haben Lust, im Meer zu schwimmen, stehen auf und gehen ans Wasser. ... Es sieht klar und kühl aus. ... Sie stecken vorsichtig einen Fuß hinein.

~ Pause ~

Das Wasser fühlt sich angenehm warm und dennoch erfrischend an. ... Ganz langsam, Schritt für Schritt, gehen Sie ins Wasser hinein.

~ Pause ~

Sie machen ein paar kräftige Schwimmzüge und lassen sich dann von den Wellen tragen. ... Sie genießen das stetige Auf und Ab der Wellen und das Gefühl, getragen zu werden. ... Sie fühlen sich leicht und schwerelos.

~ Pause ~

Nach einiger Zeit schwimmen Sie wieder zurück ... und steigen aus dem Wasser. ... Sie spüren, wie die Wassertropfen an Ihrem Körper hinablaufen. ... Sie schmecken das Salz auf Ihren Lippen.

~ Pause ~

Der Sand unter Ihren Füßen fühlt sich wohlig warm an. ... Während Sie zu Ihrem Platz zurückgehen, spüren Sie, wie die Sonne bereits langsam Ihre Haut trocknet. ... Das kribbelt etwas auf Ihrem Körper.

~ Pause ~

Sie finden eine wunderschöne Muschel im Sand. ... Sie heben sie auf, halten sie an Ihr Ohr und können sogar ein Rauschen wahrnehmen.

~ Pause ~

An Ihrem Handtuch angekommen, setzen Sie sich hin und lassen sich vollkommen von der Sonne trocknen.

~ Pause ~

Sie fühlen sich entspannt. Diese wunderbare Entspanntheit nehmen Sie mit und kommen jetzt gedanklich wieder zurück in den Raum, in dem Sie gerade sitzen.

~ Pause ~

Atmen Sie noch einmal tief ein und aus und gähnen Sie, wenn Ihnen danach zumute ist. … Öffnen Sie Ihre Augen, falls Sie sie geschlossen hatten: Sie fühlen sich erfrischt und aktiv.

Machen Sie die folgenden Aktivierungsübungen mit, soweit es Ihnen möglich ist:

- Bewegen Sie jetzt Ihre Finger, als würden diese Klavier spielen.
- Schütteln Sie Ihre Hände aus.
- Machen Sie mit beiden Händen eine lockere Faust, öffnen Sie Ihre Hände und spreizen Sie die Finger.
- Lassen Sie Ihre Schultern locker hängen und kreisen Sie mit beiden Schultern 3-mal vorwärts und 3-mal rückwärts.
- Schütteln Sie erst den rechten Fuß aus und dann den linken.
- Zum Abschluss rekeln und strecken Sie sich, so gut Sie können.

Aktivierung zur Entspannungsgeschichte

Lassen Sie nachspüren …

- Was hat Ihnen in dieser Geschichte am besten gefallen?
- Wie hat sich der Sand unter Ihren Füßen für Sie angefühlt?
- Wie haben Sie es empfunden, im kühlen Meer zu schwimmen?

Lassen Sie erzählen …

- Wo haben Sie schon einmal Urlaub am Meer gemacht?
- Sammeln Sie Muscheln, wenn Sie am Strand spazieren gehen?
- Was gefällt Ihnen an einem Strandspaziergang?
- Sind Sie schon einmal im Meer getaucht? Wie war das?
- Welche Wirkung hat das Meer auf Sie?

Sinnesanregung

Legen Sie unterschiedliche Muscheln auf einem Tisch oder auf dem Boden aus. Lassen Sie jeden Teilnehmer eine Muschel aussuchen. Fordern Sie die Teilnehmer auf, ihre Muschel ganz genau zu betrachten und dabei auf Besonderheiten zu achten. Anschließend zeigt jeder Teilnehmer seine Muschel in der Runde und beschreibt sie der Gruppe. Haben alle ihre Muschel beschrieben, sammeln Sie diese wieder ein und legen Sie sie erneut auf dem Tisch oder Boden aus. Alle Senioren versuchen nun, ihre Muschel wiederzufinden.
Alternativ können die Teilnehmer reihum eine beliebige Muschel nehmen und diese dem entsprechenden Mitspieler zurückgeben.

Herbst Drachensteigen

Diese Geschichte, beginnend mit der Einleitung, sollte Satz für Satz vorgelesen werden. Nach jedem Satz legen Sie eine kurze Pause ein und zählen lautlos langsam bis fünf. Drei Punkte zeigen diese Lesepause an. Längere Pausen sind durch das Wort ~ Pause ~ gekennzeichnet. Hier zählen Sie lautlos langsam bis acht.

Machen Sie es sich auf Ihrer Sitzgelegenheit bequem. ... Legen Sie Ihre Arme entspannt ab, vielleicht auf den Armlehnen oder auf Ihren Oberschenkeln. ... Auch Ihre Beine und Füße finden eine für Sie angenehme Position. ... Ihr Rücken und Ihr Kopf sind ebenfalls in einer entspannten Haltung. ... Schließen Sie, wenn Sie mögen, die Augen. ... Spüren Sie Ihren Atem. ... Sie atmen entspannt und in Ihrem Tempo ein und aus.

~ Pause ~

Es ist ein schöner Herbsttag. ... Sie sind wohlig warm angezogen.

~ Pause ~

Stellen Sie sich vor, Sie stehen auf einem großen Stoppelfeld. ... Die Sonne taucht alles in ein kräftiges Gold. ... Am Himmel ziehen Schäfchenwolken vorbei. ... Sie beobachten sie eine Weile.

~ Pause ~

Ein frischer Wind weht Ihnen um die Nase. ... Sie spüren die Kraft des Windes. ... Es ist ein herrliches Gefühl. ... Sie fühlen sich frei.

~ Pause ~

Es ist genau das richtige Wetter, um einen Drachen steigen zu lassen.

~ Pause ~

In Ihrer Hand halten Sie einen Drachen. ... Er fühlt sich ganz leicht an. ... Es ist ein bezaubernder Drachen, mit einem Holzgerüst und glänzendem Geschenkpapier bespannt. … Er hat einen langen Schweif mit kleinen, bunten Schleifen. … Auf einer Rolle ist die Drachenschnur aufgewickelt.

~ Pause ~

Sie spüren, wie der Wind mal stärker und mal schwächer wird. … Jetzt heißt es, Geduld zu bewahren. … Sie stellen sich mit Ihrem Rücken zum Wind … und warten auf den richtigen Moment, um Ihren Drachen steigen zu lassen.

~ Pause ~

Dann kommt der richtige Windstoß. … Sie lassen Ihren Drachen los. … Er steigt langsam in die Höhe. … Was für ein Spaß.

~ Pause ~

Immer höher gleitet der Drachen hinauf in den Himmel. … Noch ein wenig weiter und weiter. … Langsam lassen Sie die Drachenschnur von der Rolle abrollen.

~ Pause ~

Dann hat die Schnur das Ende erreicht. … Sie spüren einen ordentlichen Zug auf der Schnur.

~ Pause ~

Es ist ein herrliches Gefühl, zu sehen, wie der Drachen kleine Kurven fliegt … und der lange Schweif ihm gemächlich folgt.

~ Pause ~

Sie fühlen sich ganz wach und zufrieden. … Ein wenig genießen Sie noch das Gefühl, so mit der Natur verbunden zu sein.

~ Pause ~

Dann fangen Sie langsam an, die Drachenschnur wieder auf die Rolle zu wickeln. … Der Drachen sinkt. … In einer kleinen, spiralförmigen Bewegung landet er, etwas entfernt von Ihnen, wieder sicher auf dem Boden.

~ Pause ~

Sie fühlen sich entspannt. Diese wunderbare Entspanntheit nehmen Sie mit und kommen jetzt gedanklich wieder zurück in den Raum, in dem Sie gerade sitzen.

~ Pause ~

Atmen Sie noch einmal tief ein und aus und gähnen Sie, wenn Ihnen danach zumute ist. … Öffnen Sie Ihre Augen, falls Sie sie geschlossen hatten: Sie fühlen sich erfrischt und aktiv.

Machen Sie die folgenden Aktivierungsübungen mit, soweit es Ihnen möglich ist:

- Bewegen Sie jetzt Ihre Finger, als würden diese Klavier spielen.
- Schütteln Sie Ihre Hände aus.
- Machen Sie mit beiden Händen eine lockere Faust, öffnen Sie Ihre Hände und spreizen Sie die Finger.
- Lassen Sie Ihre Schultern locker hängen und kreisen Sie mit beiden Schultern 3-mal vorwärts und 3-mal rückwärts.
- Schütteln Sie erst den rechten Fuß aus und dann den linken.
- Zum Abschluss rekeln und strecken Sie sich, so gut Sie können.

Aktivierung zur Entspannungsgeschichte

Lassen Sie nachspüren …

- Was hat Ihnen in dieser Geschichte am besten gefallen?
- Wie hat sich das Stoppelfeld unter Ihren Schuhsohlen angefühlt?
- Wie hat der Drachen ausgesehen?
- Wie hat sich der Wind angefühlt?

Lassen Sie erzählen …

- Haben Sie schon einmal einen Drachen steigen lassen?
- Hatten Sie diesen Drachen selber gebastelt? Wie haben Sie das gemacht?
- Was für Drachen kennen Sie? (Drachen aus Papier, Plastik, Seide, gebaut aus Holzlatten, Strohhalmen etc.)
- Wo kann man Drachen steigen lassen?

Sinnesanregung

Fordern Sie Ihre Teilnehmer auf, im Raum nach Gegenständen mit bestimmten Kriterien zu suchen, z. B. alles, was glänzt: Teelöffel, Bilderrahmen, Stuhlbein, Tischbein …

Anschließend können Gegenstände in einer bestimmten Farbe, Form (z. B. rund, eckig, dreieckig, rechteckig) oder aus einem bestimmten Material (z. B. Holz, Metall, Kunststoff) gesucht werden.

Winter ★ Der Weihnachtsmarkt

Diese Geschichte, beginnend mit der Einleitung, sollte Satz für Satz vorgelesen werden. Nach jedem Satz legen Sie eine kurze Pause ein und zählen lautlos langsam bis fünf. Drei Punkte zeigen diese Lesepause an. Längere Pausen sind durch das Wort ~ Pause ~ gekennzeichnet. Hier zählen Sie lautlos langsam bis acht.

Machen Sie es sich auf Ihrer Sitzgelegenheit bequem. … Legen Sie Ihre Arme entspannt ab, vielleicht auf den Armlehnen oder auf Ihren Oberschenkeln. … Auch Ihre Beine und Füße finden eine für Sie angenehme Position. … Ihr Rücken und Ihr Kopf sind ebenfalls in einer entspannten Haltung. … Schließen Sie, wenn Sie mögen, die Augen. … Spüren Sie Ihren Atem. … Sie atmen entspannt und in Ihrem Tempo ein und aus.

~ Pause ~

Stellen Sie sich vor, Sie stehen auf einem Weihnachtsmarkt. … Es ist Abend. … Sie sehen viele beleuchtete Buden, die im Dunkeln strahlen. … Alle sind sehr festlich geschmückt.

~ Pause ~

Einige Buden haben aus Holz geschnitzte Engel auf dem Dach, … andere schmücken Sternschnuppen aus unzähligen kleinen, glitzernden Lichtern. … Eine Hütte hat einen großen, leuchtenden Stern auf dem Dach, der sich langsam dreht.

~ Pause ~

Alles ist so liebevoll dekoriert. … Ihnen wird ganz warm ums Herz.

~ Pause ~

Dann erschnuppern Sie einen Hauch von Glühwein und gebrannten Mandeln in der Luft. … Ein anderer köstlicher Duft steigt Ihnen in die Nase. … Sind das Reibekuchen?

~ Pause ~

Sie bleiben an einer Bude stehen, die Rostbratwürstchen anbietet. … Ein herrlicher Duft nach Röstaromen weht Ihnen um die Nase. … Er lässt Ihnen das Wasser im Munde zusammenlaufen. … Sie bestellen sich drei kleine Rostbratwürstchen mit Senf. … Beim Reinbeißen spüren Sie eine angenehme Wärme auf der Zunge. … Sie schmecken verschiedene Gewürze. … Schnell sind die Würstchen verzehrt.

~ Pause ~

Gemütlich und frisch gestärkt, setzen Sie Ihren Weg über den Weihnachtsmarkt fort.

~ Pause ~

In einer Bude entdecken Sie entzückende, kleine Holzfiguren. … Auch viele bunte Nussknacker in unterschiedlichen Größen werden angeboten. … Eine bunte, aufwändig geschnitzte Spieluhr zieht Sie jetzt in Ihren Bann. … Sie spielt leise ein wunderschönes Weihnachtslied.

~ Pause ~

Sie erblicken eine hübsche Krippe mit handgeschnitzten Figuren aus Holz. … Der Boden der Krippe ist sogar mit echtem Stroh ausgelegt. … Das Dach besteht aus sorgsam übereinander gelegten Holzstäben, die in einem warmen Rotbraun leuchten.

~ Pause ~

In der nächsten Bude sehen Sie Christbaumschmuck. … Es hängen dort Weihnachtskugeln in allen Farben. … Einige glitzern ganz

besonders. … Es gibt auch ausgefallene Motive, wie einen Weihnachtsmann auf einem Motorrad … und sogar ein glitzerndes, rosa Schweinchen mit kleinen, plüschigen Flügeln.

~ Pause ~

Es herrscht reges Treiben vor den Buden. … Sie hören, wie die vielen anderen Besucher lachen und sich unterhalten. … Kinder laufen juchzend durch die Menge.

~ Pause ~

In der Mitte des Weihnachtsmarktes steht ein imposanter Weihnachtsbaum. … Er ist üppig geschmückt. … Oben auf seiner Spitze befindet sich ein blinkender Stern. … Kinder hängen kleine Wunschzettel im unteren Bereich an seine ausladenden Zweige.

~ Pause ~

Der Baum verströmt diesen herrlichen Duft nach Tanne. … Sie bleiben stehen und atmen den Geruch tief ein.

~ Pause ~

Alles fühlt sich zauberhaft weihnachtlich an.

~ Pause ~

Sie fühlen sich entspannt. Diese wunderbare Entspanntheit nehmen Sie mit und kommen jetzt gedanklich wieder zurück in den Raum, in dem Sie gerade sitzen.

~ Pause ~

Atmen Sie noch einmal tief ein und aus und gähnen Sie, wenn Ihnen danach zumute ist. … Öffnen Sie Ihre Augen, falls Sie sie geschlossen hatten: Sie fühlen sich erfrischt und aktiv.

Machen Sie die folgenden Aktivierungsübungen mit, soweit es Ihnen möglich ist:

- Bewegen Sie jetzt Ihre Finger, als würden diese Klavier spielen.
- Schütteln Sie Ihre Hände aus.
- Machen Sie mit beiden Händen eine lockere Faust, öffnen Sie Ihre Hände und spreizen Sie die Finger.
- Lassen Sie Ihre Schultern locker hängen und kreisen Sie mit beiden Schultern 3-mal vorwärts und 3-mal rückwärts.
- Schütteln Sie erst den rechten Fuß aus und dann den linken.
- Zum Abschluss rekeln und strecken Sie sich, so gut Sie können.

Aktivierung zur Entspannungsgeschichte

Lassen Sie nachspüren …

- Was hat Ihnen in dieser Geschichte am besten gefallen?
- Wie hat die Spieluhr ausgesehen?
- Wie war der Weihnachtsbaum geschmückt?
- Wie haben die Wunschzettel der Kinder ausgesehen?

Lassen Sie erzählen …

- Welchen Reiz üben Weihnachtsmärkte auf Sie aus?
- Waren Sie schon auf dem bekannten Nürnberger Christkindlmarkt?
- Wie schmücken Sie Ihren Weihnachtsbaum?
- Haben Sie eine Krippe aufgestellt? Wie sah diese aus?
- Was ist das Besondere für Sie an der Weihnachtszeit?

Sinnesanregung

Bringen Sie eine CD mit bekannten Weihnachtsliedern und einen CD-Player mit. Spielen Sie die ersten Takte eines Weihnachtsliedes an und lassen Sie die Teilnehmer raten, um welches Lied es sich handelt. Im Anschluss an die Übung können die Lieder gemeinsam gesungen werden.